いい家づくりのコツは
地元愛・家族愛！

天井は杉の源平貼り、床はチークの無垢材で仕上げた

株式会社 提坂工務店
代表取締役 提坂大介

知道出版

床、壁、柱、地元の木に囲まれた家。

念願のマイホーム！
上棟式には「手形式」を行なっている。

狭小地でも2階をLDKにすることで奥行きと広さが生まれる。

島田市Ｓ様邸、自然派ご家族の家（上）。吹き抜けがあってこそ活きる薪ストーブのあるダイニング（下）。

いい家づくりのコツは地元愛・家族愛!

地元の優良工務店にまかせなさい

株式会社提坂工務店代表取締役
提坂大介

知道出版

はじめに

まずはじめに、私は正直言ってこのように本を出せるような人間ではありません。

学生時代は勉強が嫌いで、担任の先生には怒られてばかりで、けっして優秀ではありませんでした。そんな私ですが、社会へ出てただひとつだけ、誰よりも「家＝家族」の居る場所を造ることには真剣で、夢中に取り組んでいます。

この本を手にとられたみなさんは、これから「家づくり」のために情報を集めようとしているのだろうと思います。

そこで私は、「家づくり」に携わるものとして、みなさんにありのまま正直なことをこの本に書きました。

「家づくり」を決意された背景はさまざまでも、家族のために、自分のよりよい人生のために希望どおりの家を建てたいと誰もが願うはずです。そのために、「家づくり」のための情報にアンテナを張り、どこに、どのように頼めば希望どおりの家が予算内で建てられるのか、真剣に検討されることでしょう。

まず、テレビや雑誌など、メディアで宣伝されている大手建築会社が思い出されるでしょう。かっこいい俳優さんや美しい女優さんが楽しそうに、家でくつろいでいる風景は、印象に残ります。そこで、みなさんは名のあるハウスメーカーさんに連絡をされます。すると営業マンがすっ飛んでやって来ます。そこで商談が始まります。

さて、本書は、そんなみなさんに、ちょっと待ってください！　地元の工務店に目を向けてください、という内容のものです。

地元の環境や地盤などを知り尽くしたプロの職人さんたちが手がける「家づくり」の大きなメリットをみなさんにお伝えしようと、1章から5章まですべてにわたり、わかりやすく説明しています。

長年、培われた匠の技術は、木材一本を選定するところから違います。大手のハウスメーカーを悪くいうわけではありませんが、画一化されたプラモデルのような組み立て式の家より、その土地にあった、お施主様の希望を叶える本当の「家づくり」がここにあります。

私は、家づくりを生業《なりわい》としている、いわゆる大工のせがれです。

代々地域の人たちが住む家を建て続けてきました。

若い頃は、社会に出ていろいろなことをしてみたいと思い、家業を継ぐことなど考えていませんでしたから、優秀な兄と姉に任せて、別の道を進みました。

けれども、運命の徒《いたずら》か、その姉が亡くなり、兄も独立し建築業者となり、私が跡を継ぐことになったのです。

父が地元の人たちから、常に工事の相談や新築の依頼など、信頼され、愛されている様子をみて、この工務店を引き継ぎ、新しい時代の波に流されず、「提坂工務店《さげさかこうむてん》」の「家づくり」を継承したいと決意しました。

一度決心したからには、一生懸命、知恵を絞り、チラシを作って営業から始めました。はじめは相手にされませんでしたが、職人さんたちから家づくりのさまざまなことを学び、現場を覚え、自分にも自信がついてくると、やはり地元の強みでしょうか、自分を通じて改築やリフォームなどの注文がきて、私のお施主様も増えていきました。

「工務店」は、大手ハウスメーカーさんと規模がまったく違います。家を建てることに変わりはありませんが、建てる人が違います。建てる人の心が、まず違うと思うのです。

地元でお施主様と長くお付き合いをするのですから、手を抜くわけにはいきません。できる限りお施主様の要望を叶えるため、また、安心して暮らせるための長年の技術をつぎ込み「家づくり」に励みます。

ですから、プロの職人集団が一致団結して「一軒の家を建てる」ということは、私がいうのもおこがましいですが、本当に美しく、大工技術のすべてを駆使した芸術作品だと言っても過言ではありません。

本書では、プロの職人さんたちの魅力を余すことなく描いたつもりです。どんな家でも建てるのは人です。人が木材を選び、人が動いて、人が建てるのです。地元の工務店のもつプロの力を感じていただき、少しでもみなさんの「家づくり」の役立つ情報源となれば幸いです。

株式会社提坂工務店　代表取締役　提坂　大介

いい家づくりのコツは地元愛・家族愛！
―地元の優良工務店にまかせなさい　目次

第1章

家を建てるときも「地産地消」

「あきたこまち」は秋田の水で炊いて食べるのが最もおいしい

秋田でつくられているお米「あきたこまち」。これはやはり、秋田の水で炊いて食べるのが最もおいしいという話を聞いたことがあります。その土地で育ったお米をその地域の水で炊いて食べるのが一番おいしいということ。考えてみれば、これはごく自然のことであり、人間が代々続けてきたことかもしれません。

家づくりを考えてみたときにも、同じようなことが当てはまります。

太古の昔より、その土地の風土で生き抜くためには、その風土にあった木材をみつけて安心できる家を建てていました。その地域で育った木でつくられた家というのは、その地域に住む人間にとって最も居心地がいい、肌にしっくり馴染《なじ》む家なのです。

私は、静岡県島田市で大工の家に生まれ、物心《ものごころ》つくころから、木に囲まれ木の香りで育ちました。その後、地元で工務店を経営し、地域の方々のために家をつくることを生業《なりわい》としています。そして、家づくりにおいても、大井川流域で育った木を用いることにこだわっています。

私が住んでいる地域は、生まれ育ったところでもある島田市です。すぐ近くには大井川が流れ、そこから幾筋もの用水路が土地を潤し、大井川流域ではお米や野菜がふんだんにつくられています。私は、この地域で採れたお米や野菜を食べて育ってきました。今も、地域のものを食べて、日々、元気いっぱい活動しています。そして、大井川流域で育った木でつくられた家に住み、家族とともに暮らしています。

自分の地域で育てられた木に囲まれて生活をするということは、その地域で育てられた食材を口にして生きていくのと同じように、人を元気にしてくれるものだと私は考えています。それは、その人の〝健康〟にもつながります。

飲んでいる水が一緒、食べている野菜が育てられた水が一緒、そして口にしている牛や豚が飲んでいる水が一緒、家で囲まれている木が育った水が一緒。その地域に流れる同じ

上棟式には屋根垂木が並ぶ。家が美しく見える瞬間。

水によってもたらされたものを口に入れ、そういうものに囲まれているという状態は、きっと人を一番自然で心地の良い状態、つまり健康にしてくれるのではないでしょうか。

木は育った場所で最高のポテンシャルを発揮する

「地産地消」という言葉があります。その土地で育ったものをその土地でいただいて日々を営んでいくという意味ですが、農産物や水産品に対する安心安全への志向が高まっている昨今、地産地消を推進しようという動きは盛んになっていますよね。住む土地の恵みを身体に取り入れることは、健康にも良いことだと考える人が、今は多いことでしょう。

木も同じなのです。その土地で育った木でつくられた家に住み、同じ土地の木に囲まれて生活をすると、木材自身ものびのびとしていられるはずですし、人も、より自然な状態でいられるとともに、風土の気がその家に住む家族を守ってくれるのです。

ここで、ちょっと矛盾しているように感じられる話をします。

伊勢神宮の式年遷宮により20年に一度建て替えられるお宮さま、この建て替えに使われる木は、長野の上松というところで育った木《き》曽《そ》檜《ひのき》です。古くから決められたこだわりの方法で丁重に伐《か》り出され（それこそ効率を求めてチェーンソーなどで伐ったりしたら怒られます）、大切に三重まで運ばれてきます。

城や神社仏閣などで使われている木も、昔から木曽檜が多く用いられていました。このような風習があるので、「伊勢神宮すら長野県から木を持ってきているではないか」と言う人もいます。

ではなぜ、その土地の木が使われないのか、それは、城や神社仏閣などの建造物の特殊性があるのです。城や神社仏閣を建てるためには、私たちが住む家とは違い、かなり太く大きな木が何本も必要だったからです。伊勢神宮の大きな鳥居に用いられているような太くてまっすぐな国産の木は、限られた場所にしか生えていません。その為、そういった建造物に使用される木は、長野だけでなく奈良や秋田など、太い檜の採れる場所から運ばれてきたわけです。このような背景もあり、日本の木は、昔からとにかく4大ブランドと言われる木曽檜、吉野檜、秋田杉、青森ヒバが良いものとされています。

しかし本来、木は、その木が育った風土の中で使われることで、最大のポテンシャル（丈夫さが保たれるという言い方をするとわかりやすいかもしれません）を発揮するものです。

人も、歳を重ねることで若い時にはなかった魅力が、顔の表情や立ち居振る舞いの中に自然とにじみ出てくるものですよね。それと同じで木も、時を経てさらに良い状態に変化していくのです。

たとえば、秋田など冬が長く雪深く、春と夏の短い土地で育った木は、成長がとてもゆっくりです。寒い気候の中で少しずつ育っているので、何百年も経ている古い木がたくさんあります。その木を故郷の秋田で使えば、自然と無理なく乾燥が進み、木も良い状態が保たれます。ところが、寒い中で育った木を、急に暑い場所に持っていったりしてしまうと、急激な温度や湿度の変化により、急に曲がったり、バリバリに割れてしまったりするのです。

木は伐採された後も生き続けています。生きているので、水分が急激に奪われたり、寒い場所に慣れている人が、暑い場所に連れてこられたりすると、体調を崩したりするように、木も面食らってしまうわけです。そういうことを昔の人はよくわかっていました。その土地の木を用いて家を建てるというのは、先人の知恵でもあるのです。

クレームが多い家は材料が国産ではないことが多い

住宅の工法にツーバイフォーというものがあります。単純な工法で工期が短くて済むなどメリットもありますが、このつくり方の家には、じつはクレームが少なくありません。なぜなら、材料自体が国産ではなく、安いアジアの木材を使っていることがほとんどだからです。

家を安く建てられるということで飛びつく人も多いようですが、そういう家でよく使われているアジアの木材は、少し甘い香りがして虫が好んで食べるのです。日本の檜は、虫はあまり食べません。やはり日本では日本の木を使うのが、無理なく一番馴染むのは確かです。

寒い場所で育った木が暑い場所に運ばれてしまうと、ポテンシャルが下がるのとは逆に、東南アジアのような1年中暑い気候の場所で育った木が、急激に寒さの厳しい場所で使われると、中に水分を多く含むため、木が凍ってしまい逆に弱くなったりもします。

同じ杉の木でも、秋田で育った木と九州地方で育った木では全く違います。

木材の年輪は1年ごとに刻まれていきます。寒い場所では育ち方も遅いので年輪の幅は細くなります。暖かい場所では木はすくすくと伸びるので、幅も大きくなります。同じ太さでも、そこまでに至る年数が違うので、自ずと寒い場所の木の方が堅くて目の詰まった丈夫な木となっていくのです。

さらに言うと同じ木でも、春から夏にかけて育った部分と比べると、秋から冬に育った部分の方が、目が詰まり堅くて丈夫なのです。

また、山で森林を間引きすることで、急に陽が当たるようになると、木も成長が早くなります。間引きをしない方が、じつは丈夫な木が育つということもあるのです。ですからただ木材を扱うだけでなく、この木がどのような場所にどんなふうに育ってきたのかということも地元の山林を把握している私たちはよく知っています。

本当にこわい
薬漬けの木でできた家

突然ですが、あなたはバナナをよく食べますか？　日本で食べられているバナナはほとんどが輸入品ですよね。外国から届いたバナナは、大きな倉庫に入れられて、スプリンクラーで消毒液をザーッとかけられてから国内に入ってきます。予期せぬ外来種の虫や日本には生息しない菌などを入れないようにするためなので、仕方のないことです。

このように海外からの植物や動物は、検疫に引っかかってしまわないように、なんらかの処置をほどこされていることがほとんどです。

ずいぶん前の話ですが、住宅用に輸入された安い木材と一緒に、サソリの幼虫が紛れ込んできたということがありました。燻蒸《くんじょう》して処理をしても死にきれなかった幼虫から育ったサソリが、一般の人がホームセンターで購入した木材から出てきてニュースになっていました。

この例のようにどんな危険があるかわかりませんから、海外からやってくる木材には、必ず消毒剤などがかけられています。

米松といって、日本では、アメリカやカナダから松がたくさん輸入されています。昔は、いかだのような状態にして木材を船で引っ張ってきていたので、運ばれてくる間に木は海の塩水に浸かり、自然と虫なども死んでいたので問題はなかったようですが、今はさすがに状況も変わり、外来のさまざまなものが簡単に国内まで入ってこられます。松ではなくても、アジア圏からも多くの木が内装材などとして輸入されています。それらも当然、しっかりと消毒されています。特に東南アジアなどには、日本への輸出向けの木材に加工を施す工場がたくさんあります。

日本人は、このような事情を知らずに、「木の家はやっぱりいいねぇ」などと言って木造住宅に住んでいるわけですが、これでは、木から吐き出された消毒剤など人体に有毒なものを身体に取り込みながら、日々生活をしていることになります。

一般的に、消毒剤など木に浸透した水分が完全に乾燥して木の中からなくなるのには、50～60年くらいはかかると言われます。それを考えるとちょっと恐ろしいですよね。それ

見えている構造材（柱、梁など）全てが大井川流域産材。

以前にそういう木は、すでにもう生きているとは言えません。死んでしまっている木です。

では、国産の建材であれば安心かというと、そうとも言えないのです。

大手の住宅メーカーでも、国産の木を用いた家づくりを売りにしているところはあります。そういう家で使われている木材には、加圧注入剤（木材を釜に入れ、高い圧力をかけながら、薬剤を木材内部に深く浸透させ、腐敗防止、防蟻の処理のこと）が用いられていたりします。日本の木ではありますが、腐敗やシロアリの被害などに合わないように、木材の内部の空気を排出して薬剤を注入し深く浸透させているのです。いわば薬漬けの木ということです。

環境問題が取りざたされるようになり、木材保存剤などの薬剤の成分も、より安全なものへと変わってきているとは言いますが、そもそも国産の丈夫な木、さらには地元の木であれば、そのような人工的な処理は必要がないと私は考えています。

「地産地消」を推奨しているのは、そういう理由もあるのです。

ただし、何でもかんでも国産の木材を使用するとなると、かなり高価になりますので、ここも適材適所で、人の肌の触れるところは国産の無添加な素材を使用しましょうとご提案させていただいています。

日本人が一番好きな木は檜

私の住む大井川や、その先の天竜川の流域に話は戻ります。静岡県も大井川を遡《さかのぼ》った辺りの山の奥は、秘境といったら大げさですが、人口も少なく山深いエリアになります。ですので、大井川流域の檜や天竜川流域の杉などは、人口的に早く育てようと調整されることもほとんどありません。ですから丈夫な木が育ちます。

また、この辺りは寒すぎず暑すぎず、人が住むにもちょうどいい気候なので、木も、極端に寒かったり暑かったりする環境の中で踏ん張って育つこともなく、癖がなく非常に素直です。このような素直な木は、家を建てる木材としてはとても扱いやすいのです。

私の会社が家を建てるときに使用する木は、もちろん大井川流域に育った木です。主に、檜と杉を用いています。そこで、少し檜と杉の話をしましょう。

日本書紀に「檜は宮殿をつくるのに最も適している」と書かれているそうですが、檜は日本人に最も好まれている木だと思います。木肌が白くて高級感があり、かつ丈夫です。防虫効果も高いので、土台や構造材に使われることも多い木です。じつは、虫は檜の香りがあまり好きではないのです。

また、水や湿気に強いことから〝檜風呂〟というものが生まれました。抗菌作用もあるので、まな板に使われたりもします。

自然の油分が強いので米ぬかで磨くと艶が出てピカピカになります。大舞台に立つことを「檜舞台に立つ」と言ったりしますが、これはもともと、能舞台や江戸時代の歌舞伎の舞台など、限られた場所でのみ高級建材である檜が使われていたからです。足袋をはいて動くにも、檜は滑りがよくてちょうどよかったのでしょう。

世界最古の木造建築である奈良の法隆寺も、もちろん檜で建造されています。防虫抗菌効果が高く、水に強く腐敗しにくい丈夫な檜でつくられたことで、１３００年もの長きに渡り風雪にも耐えてこられたと言っていいでしょう。

檜はまた、香りもとてもよく、何百年も経っている木ですら削ると香りがよみがえります。ですから、檜の香りに心が落ち着くという人も多いと思います。心と体をリラックスさせてくれるフィトンチッド（微生物の活動を抑制する樹木などが発散する化学物質。殺菌作用や癒し効果もある）の含有率が高いこともあり、「檜の家に住んだらゆっくり眠れるようになった」という声もよく聞きます。

日本国内で言うと、檜は本州、四国と九州の一部にしか生えていません。杉などと比べると育ちが遅く、北は栃木県や福島県辺《あた》りまでです。北国だと檜はなおさら育ちにくいので、もっぱら青森県では青森ヒバ、北海道に行けばエゾ松などが主流になっていきます。

一方、温かい場所だと水分が上がりすぎてしまい、南の方でも良い檜は育ちません。水のきれいな場所にはやはり良い木が育ちますが、檜は特に場所を選んだ方がいい木です。

育ちが遅くどっしりと目の詰まった檜は、重さにも強いので構造材に適しています。人間の手で加工しやすいという特長もあります。このように良いこと尽くしの建材ですから、総檜づくりの家を建てられたら、それはとても素晴らしいですよね。でも、檜はそれなりに値段も張ります。それぞれの良さがありますから、私の会社では適材適所、檜と杉、時々は松などを使い分けることが多いです。

大井川流域の檜、杉は自然の恵み

では、杉の木はどんな木でしょうか。

杉は、赤くやわらかく粘り気もありとても扱いやすい木です。日本中いたるところに生えているので、安価で建材にもよく使われます。資源のない国であったこともあり、育つのが早い杉は日本中にたくさん植えられたのです。

また、松には松食い虫などの害虫がつきやすいですが、檜と同じで、杉も虫には強いのでさらに育ちやすいということもあります。

杉は、見た目がやわらかく落ち着いた肌をしているので、内装材として特に好まれています。ただし、土台にはあまり使われません。強度に多少ばらつきがあるからです。

檜は、白く清潔感が際立つ変わりに多少冷たい感じを受けますが、杉はやわらかさ、暖かみを感じる方が多いようです。

節こそが無垢材の証拠。大井川流域の天然木材を活かす軸組工法。

ありがたいことに、大井川流域には檜も杉もたっぷりあります。この大いなる地域の恵みを存分に活用して、地域に根差した家づくりをすることが、住む人にとっても最上であると私は確信しています。

ブランドの木を使用して建物を建てることを悪いとは思いませんが、ブランドの木だからいいということもありません。人が家族とともに、長い年月を暮らすことになる住宅というものを考えたときには、肌になじむ同じ土地の木を使用する「地産地消」という考え方は、理に叶っているように私は思います。

太陽と風と大地に育まれた豊かな自然の恵みである地元の木、のびのびとまっすぐ育った木をできる限り自然のままあなたの家に使いましょう、というのが私のご提案です。そこには、最低限の天然系の防蟻処理や内部棚の塗装以外には、一切の化学薬品の使用はありません。

ところで、昔の城や神社仏閣では少し事情が違います。その神社仏閣の由緒に縁がある地域のものだったり、遠くから運んできた木でつくられたものは、まっすぐで大きく適当な木が近くになかったので、そういう場所から持って来るしかなかったわけです。

神社などによく御神木が大切に祀られていたりしますが、そもそもこれは、いずれ本殿を建て替えるときのために、境内に木を植えて備えたものであることがほとんどだそうです。多くの神社仏閣では、このように地産地消が当たり前のように営まれていたのです。

「地産地消」で地元も元気になれる

正直な話、どこか別の場所から安い木材を運んでくれれば、家を安く建てることはいくらでもできます。安いという目先のことだけを考えれば、その方が得したように思われるかもしれません。

でも、せっかく太陽の光に溢れ、心地よい風が吹く恵まれた土地、大井川流域にいるのです。地元の木を使わない手はありません。

さらには、外国から輸入した安い木材などを利用する家ばかりになってしまうと、地元の山は荒れ放題になってしまいます。きちんと計画的に木を伐採してうまく利用することで、地元の林業も活性化し、山も荒れることなく元気な状態を保つことができます。経済と自然の調和がうまく循環することで、地元もさらに元気になっていくのです。

「地産地消」には補助金が出るということも、家を建てる上で大きな後押しになると思います。日本全国、地域それぞれの事情があると思いますが、静岡県では、県の事業として、県民が地元の木材を使って家を建てると、１軒当たり最大30万円の補助金を出しています（２０１９年現在）。

島田市も同じような支援を行っています。

大井川流域の木材を使用し、なおかつ島田市に事業認定がされている工務店に、あなたが家の建築をお願いすると、最大50万円の補助が出るという仕組みです。このように県や市も、地元の山を守ろうと対策を施しています。

ここ10年くらいこのような政策が推進されていますが、今後もおそらく続いていくのではないでしょうか。万が一、補助金が途中でなくなってしまったとしても、私は、「地産地消」で家をつくり続けるつもりです。

地元の木を用いて建てられた家が、お施主様とその家族の安心安全を守ることになり、健康的で心も体も豊かな暮らしに貢献できると確信しているからです。

ハウスメーカーと地元の工務店では使われる木も違う

補助金をもらって家を建てる場合、もちろん地元の工務店で建てることが条件になります。大手のハウスメーカーなどが、仮に地元の木材を使って家を建てたとしても、それは対象外です。そもそも、ハウスメーカーなど大手の住宅会社が、地元の木を使って家を建てるということはほぼないでしょう。全国展開をしているような会社が建てる家は、木の狂いといったものがあってはいけないからです。

〝木の狂い〟というと、一見、悪いもののように思われるかもしれません。

木というのは本来、伐られた後もずっと長く生き続けるものだということをお話ししました。１００年、２００年と生きていくにつれて、ますます木は強くなっていきます。ですから木も、常に空気を吸ったり（膨張したり）、吐いたり（縮んだり）しているということです。ヒビが入ったり曲がったりということも起こります。そこで生まれる差が、〝木の狂い〟と言われるものです。

１本の木を伐り倒し、それを木材として、なるべく自然のまま使用しているのが工務店です。木が生えている時の状態には上下があります。葉っぱが生い茂っている部分と根っこの部分です。家を建てるときも、根のある方を下にしてあげることで、木も落ち着いて気持ちよくいられます。木の狂いは、ある意味、木が生きていることの証拠なので、むしろ良いことと言えるのです。

私の会社で家を建てられたお施主様から、時々、「夜、バチンバチンという大きな音がするのですが、大丈夫ですか？」と問われることがあります。日々、呼吸をしていることで木が少しずつねじれてしまい、それを直そうと木が自ら動いてそういう音を立てることがあるのです。初めてこの音を聞いたお施主様は大変驚かれます。

「ポルターガイスト現象ではないですよ。木が湿気などを吸って生きている証拠です」と丁寧に説明すると、なるほどと合点がいくようです。

新築の頃は、木が、完全に乾燥仕切れていなくて、少し含水率が高くなっているということもあるのかもしれません。こういう状態も、年数が経つことでだんだんと落ち着いていきます。そういうこともあるので、我が社では、夏と冬、2シーズンが過ぎた2年くらい経って、木のクセや特性などが落ち着いてくる頃に、点検させていただいています。

ところが、大手のハウスメーカーで、このように音が鳴ったり、ヒビが入ったりということが起こると、すぐさまクレームになってしまいます。メーカーなどでは、接着剤などを使用して細かく何層かに分かれた木を貼り合わせて角材にしてから、建材として使用することがほとんどです。

裏表上下左右のバランスがバラバラになった状態の木で、家が構成されることになります。その代わり、強力な接着剤などでしっかり貼り合わせてあるので、狂いは生まれません。木は死んでしまっていますが、ヒビなども出ず、扱いは楽だと思います。

ただし、木の上下も関係なく建てられるので、逆さまの状態でずっと置かれている木というものも発生します。人間で言ったら、ずっと逆立ちをした状態で一生いなくてはいけないということです。私だったら、とても気持ちのいい状態とは言えません。死んでしまっている木にとってはどうということはないのかもしれませんが、それでもやはり座りが悪いのではないかと気になります。

生きている木、「ああ、気持ちいいなぁ」と感じている木に囲まれて、支えられて暮らしたいな、とやはり思ってしまいます。皆様はいかがでしょうか。

食品会社と同じ発想で家をつくっている

第1章でお話ししたことは、私が日々肌で感じていることで、科学的な根拠は今のところ私にはわかりません。今後、このような研究はさらに進んでいくとは思いますが。ただ、どちらがいいかと問われれば、私はもちろん、生きている木に囲まれた家で暮らしたいですし、お施主様にもこのような家を建てたいと考えています。地元で育ったものを体に取り入れ、地元で育った木で建てられた家に住み、のびのびとリラックスしている木に囲まれて一生を過ごす。これ以上の幸せはないと思うからです。

私は、父から現在の会社を引き継ぎました。今も父からさまざまなことを学んでいる最中です。父は、いろいろなことを頭でわかっていたわけではないかもしれません。ただ、心と体で感じ取り、お施主様の健康のためにも、自然の恵みを大切にしたいとの思いで、実直に家づくりをしてきました。

言うなれば、食品会社と同じ発想です。口に入るものも肌に触れるものも、できるだけ身体にいいもので、健康に過ごしたい。健康を害してしまったら元も子もない。家もそれと同じです。多くの人は、一生をその家で過ごすものです。身体に害を与える可能性のない、できれば地元の材料で、心を込めて建てられるべきである。それが父の考えです。

確かに、輸入した木材や、間引きをされて途中で伐採されたりしたあまり丈夫ではない木を使ったり、効率のいい建て方を追求すれば、安く済ますことができます。

建築会社からすると、利益もより取れるかもしれません。私も、お施主様のニーズに応えようと、家を安く建てられる方法を採用し、ローコストな家を提供しようと考えたこともありました。

しかし、父は頑固一徹、それを許しませんでした。

「それが本当に、お施主様のためになるのか？　そういう家を、愛情を持って建てられるのか？　安ければいいという考えで建てられた家を、お施主様は本当に大切にしてくださるのか？」

その通りだと思いました。お施主様の家を建てるということは、その家族と一生のお付き合いをすることだと、私は、今、考えています。だからこそ、お施主様にとって最高の家を建てて、そのご家族と末長くいいお付き合いができなければなりません。

まっすぐ大きくのびのびと育った木、年輪が細かくて、少しずつ時間をかけて大きく育ったよい木を使って、実直に、心をこめて家を建てることが、長い年月の間に、そこに住む家族の健康を守り、幸せをもたらすことにつながる。そう新たに思い直し、今、家づくりに取り組んでいます。

第2章

愛すべきプロの職人たち

大手ハウスメーカーの家は組み立て式の家具のようなもの

家を実際に建ててくれるのは、職人である大工さんです。

この章では、工務店にいる本物の職人さんたちとはどういう人たちなのかについて、お話させてください。

戦後、高度経済成長期が訪れ世の中が大きく変化していく中で、他の工業製品と同じように住宅も、全国のあちこちで大量生産されるようになっていきました。効率のいいプレハブ工法が建築業界を席巻《せっけん》して、大手のハススメーカーがどんどん市場を占め、職人である大工の出る幕が徐々に減っていったのです。

大手ハウスメーカーで建てられる家は、多くの場合、自社工場でつくられた部品を現場に運んできて、その場で組み立て作業によって仕上げていきます。あっという間に家が建ってしまうので、大量に家が必要だった時代には重宝がられたのも事実です。

しかし、そこに長い経験を要する職人の技術は必要ありません。職人が腕を発揮しなくても、マニュアル作業で家が建ってしまうからです。イメージとしては、家でお父さんが組み立て式の家具をつくるような感じでしょうか。


このような仕事場では、昔気質《むかしかたぎ》の本物の職人さんたちが力を発揮できる場面はなく、彼らが腕を磨く機会も奪われていくばかりです。技術のいらない規格化された同じような家ばかりが建てられてしまうとすれば、彼らのモチベーションが上がらないのも当然のことです。こうして、多くの職人さんたちの技術が失われていったと言えるでしょう。

もっと言えば、そのような現場には、もはや必要がないので、腕のいい本物の職人はほぼ存在していません。


では、昔ながらの巧みな技術を持った大工さん、本物の職人はどこにいるのでしょうか？

それは、昔から地域に密着して、地元で家を建て続けてきた町の工務店です。

地元の工務店とはどういう存在か

地域に密着して家づくりに携わっているのが工務店です。大工や左官職人、タイル・レンガなどを扱うタイル職人、サッシなどが専門の職人、内装に熟知した職人、そういう人たちや専門業者を束ねて、建築工事全般を請け負う会社ということです。

施工エリアは地元でほぼ決まっており、その中で無理のない受注件数を決めて、日々、活動しています。規模によって変わりますが、だいたい年間5～10棟ほどの家を建てているところがほとんどではないでしょうか。

職人というと、職人気質というイメージを抱かれる人も多いかもしれません。確かにプライドを持って働いている職人さんたちには頑固な一面もありますが、その分、彼らは信頼のおける仕事をしてくれる存在。安心して家づくりを任せられる人たちでもあります。

そして今は、地元の工務店といっても、専属の設計士がいたり、設計事務所と共同して家を建てている会社もあり、デザインやセンスも素晴らしい工務店がたくさんあります。

地元の工務店は、家の建築に携《たずさ》わる、しかも地域の環境をも踏まえて、その土地にふさわしい家をつくってくれる〝プロ集団〟なのです。

厳密に言えば、大手ハウスメーカーの仕事を請け負う工務店と、独立して仕事を請け負っている工務店では違いがあります。さらには、新築住宅が得意だったり、ビルの内装が得意だったり、リフォーム専門など、さまざまな特色を生かした工務店が存在します。規模も大小さまざまです。

私がこの本書で、あなたに家づくりを任せる先としてオススメする工務店というのは、新築住宅を得意とし、地元の木を用いて昔ながらの工法で家を建ててくれる、自主独立の工務店のことです。今月これだけの売上を上げなければならない、という会社側の都合ではなく、何よりもお施主様のニーズを優先して、実直にいい家を建ててくれる、地域で信頼のおける地元の工務店です。

優良工務店の選び方については、第５章で詳しくお伝えしますので、ぜひ家を建てる前に参照してください。

「たくさん家を売る」大手ハウスメーカーと「いい家をつくる」地元工務店

大手ハウスメーカーと地元の工務店と何が違うの？

じつは、大手ハウスメーカーに家づくりを依頼したとしても、実際に現場で家をつくるのは、メーカーが契約をしている地元の工務店というケースがほとんどです。だとしたら、CMなどでよく見かける大手に頼む方が、安心だし間違いないのでは、と思う人もいるでしょう。それはちょっと違います。

みなさんが家を建てようと決断した時、もし大手ハウスメーカーを訪れると、窓口となるのは営業マンです。彼らは、基本的には家を売ることが専門で、家づくりのプロではありません。求められるのは、「たくさん家を売る」こと。

家を年間に何棟売ったかで仕事を評価される人たちなので、次々と新規の契約を取り続けなければなりません。新規のお施主様が優先されるのも仕方のないことです。既に家を建ててしまったお施主様からの面倒な相談ごとは、できるだけ手短かに済ましたいと思っている営業マンも多いかもしれません。

「親身に対応してもらえないので、こちらにお願いしたいんですが……」と、大手ハウスメーカーで家を建てた人が、我が社にメンテナンスを頼んでくるケースはよくあります。

さらには、ほとんどの担当営業マンは、数年経つと異動でいなくなってしまいます。アフターメンテナンスを頼もうにも、その時には別の人が担当となっているケースがほとんどでしょう。担当者がどんどん入れ替わり、当初の事情がわからない人が担当になると、どうしてもお施主様と建築会社との関係性が薄れていってしまう。これも仕方のないことだと思います。

一方、地元の工務店の場合、社長自らが担当者ということが多いはずです。社長といっても現場がよくわかっている人ですから、家が引き渡された後も定期的に訪問してくれて、ちょっとした不具合はすぐに直してくれたりします。

地元で仕事をしている工務店にとっては、引き渡した後こそ、家の状態はどうか、お施

完成時には見えなくなる屋根下地構造。

主様に気持ちよく暮らしてもらえているかが気になるものです。ですからどこも、アフターメンテナンスを疎《おろそ》かにはしません。

「ちょっとここが気になるんですが」と連絡をすると、職人さんが、すぐに工具を持って訪ねてきてくれる。簡単な不具合であれば、その場でチャチャッと修理をしてくれる。これは、地元の工務店に家を建ててもらう大きなメリットの一つです。

その家のことを建てる時からよくわかっている人間が、またはその後継者が、ずっと面倒を見てくれるという安心感は、何物にも代えられないと思います。

そもそも、人がどんどん入れ替わっていく大手ハウスメーカーと違って、地元の工務店は、末長くその地域で仕事をし続けていく会社です。悪い評判が立てば、たちまち仕事が減り経営が悪化してしまいます。いい加減な仕事はできません。

年間何棟建てたかではなく、どれだけ評判のいい、お施主様とそのご家族に満足してもらえる家を建てられたかが評価の基準です。

ですから地元の工務店は、どこも「いい家をつくる」ことで勝負しているのです。

本物の職人が建てる家、マニュアル作業でつくられる家

　できる限り手間をかけないで、次々と規格に合った家を建て続けることを要求される、大手ハウスメーカーの建築現場では、先ほどもお話ししたように、自社工場から運ばれてきた既に加工済みの材料を、マニュアル通りに組み立てていく作業が行われています。そこで求められるのは、いかに効率よくスピード重視で作業を行うかです。

　一見するときれいに仕上がっているので、本物の職人さんが建てた家と遜色《そんしょく》がないように思えるかもしれません。しかし、木を見る目を持ち、扱い方を知り尽くした職人がつくる家とはまるで違う工業製品です。いざ住んでみると、あちこちに問題が起こってくることがままあります。

　また、最近は大手ハウスメーカーのように、プレカット工場で材料をあらかじめ機械加工し、その材料を用いて家を建てるという方法が主流になっているので、地元の工務店で

ものようにして家を建てているところも多いかもしれません。

それでも、木の扱い方を知っている職人さんであれば、その木材の特性を生かした、しっかりした家を建ててはくれることでしょう。

しかし、昔ながらに木を1本1本削るところから、丁寧に家づくりをすることができるのが工務店の醍醐味です。現場で素材を組み立てるのではなく、基礎からしっかりと技術を学び、身につけた職人さんが手間をかけて木と対話しながら、一軒一軒、丁寧に家を建てている現場は、今でもたくさん残っているのです。

家族とともに一生を過ごすことになる大切な場所である家。それを建ててくれるのはあくまでも人です。どんなに工業製品のように規格に沿った家が、マニュアルさえあれば誰でも建てられるようになったとはいえ、携わるのは人です。どんな人に頼みたいかを真剣に検討することは、家づくりを考える上で大切なポイントだと言えるでしょう。

最近は、大手ハウスメーカーと本物の職人を抱える地元の工務店の違いを、理解する人も増えてきているようには思いますが、まだまだ内実は知られていません。テレビコマー

垂木を取り付ける作業。斜めに上がる太い木は登梁。

シャルの影響も大きいようです。

この本を読んでくれたあなたが、家づくりにおいて大切なことをしっかりと見極める目を持っていただけたら、これほど嬉しいことはありません。

職人の頭のなかは3D（3ディメンション）いや、4D（4ディメンション）である

どんな建物でも大工、職人がつくります。

世の中のあらゆる場所において、機械化が進んでいることは確かです。けれども、実際の建築現場で行われていることは、とてもアナログ的な作業なのです。今後、ロボットが家を建てるという時代がそのうちやってくるかもしれませんが、それは、もう少し先のことでしょう。

建築現場に足を運んでみれば分かりますが、木材に釘を打ちつけているのも大工さんです。左官屋さんは手で壁に材料を塗っています。コンクリートを使用する場面においても、手袋をして長靴を履いた人が慎重に取り扱っています。屋根の上に登って大きなハンマーで木材を叩いているのも人です。

どれだけマニュアル作業が広がっているとしても、どこまでいっても最終的に家をつくっているのは人間の手なのです。

職人さんたちは仕事柄、頭の中が3D構造だと感じることがあります。たとえば、職人さんとこんな会話が交わされたりします。

「今日はできないから、お天気で」
「えっ、どうしてですか？　今日も作業をしてもらわないと」
「できるわけないだろう」
「………？」

現場に出向いてみると、木材が雨に濡れてしまっているのです。このまま作業を続行すると、家の中がびしょびしょになってしまい、後々家に不具合が出るため、今日はできないということ。細かいことを説明しなくても、天気の具合を敏感に感じ取り、先の作業まで想像できてしまうのが職人さんなのです。

日々、現実のモノをつくっている職人さんの頭の中には、最終的な家のあるべき状態、そこまでの作業工程、今の状況、これからするべき作業などが3D、いえ、天気なども含めると4Dとも言えるような形で、イメージが浮かんでいるのだと思います。

そのような映像が頭のなかを先走ってしまい、かといって説明がうまくできず、言葉が足りなくなったりするのでしょう。しかし、現場を知っている人であれば、職人さんが何を言わんとしているのかは、だいたい想像がつくものです。

こんな例もあります。職人さんと経験の浅い現場監督の会話です。


「これ使えないから。取り替えてくれ」

「今から材木を替えるなんて大変だから、ちゃんと使ってくれ」

「使えないよ。狙《ねら》ってみればわかるから」

「なんだ、狙うって……？」


「狙う」とは、木材の角を目できっちりと、反ったり曲がったりしていないか見極めることです。木の特性をしっかり理解している職人であれば、すぐに木材に問題があるかどうかがわかるものです。ところが、そういうことがわかっていない人が、現場にも大勢いるのです。

じつは、設計士さんが、現場の職人さんとトラブルを起こすことはよくあります。

もちろん建築の勉強をしてきた設計士さんはその道のプロです。素晴らしい家を設計してくれる人はたくさんいます。ですが、設計図を書くのはあくまでも机上なので、どうしても平面図の積み重ねとなってしまいます。

最近では、パソコンなどを駆使して立体的な設計図がつくられるようになって、ずいぶん事情も変わってきてはいるでしょうが、傾向としては、頭のなかが2Dの人が多いのです。

これまでの経験上、私もそういう場面をよく見てきました。

ブランドだけで判断すると エラい目に合うことも

誰もが知っている一流大学の建築学部を出て、大手の建設会社に勤めていたある現場監督の話を聞いたことがあります。

地方都市の老舗料亭が、新たな展開のための店舗を建てていたのですが、その現場監督は、現場でよくゴルフの素振りをしていたりして、お施主様はちょっと不安に感じていたそうです。

そして案の定、彼はキッチンの排水の位置や勾配《こうばい》（逆流しないように排水の管の長さに従い勾配率が決められている）を間違える、塗装がまだ終わっていないのに足場を崩してしまうなど、いくつかの大失態を犯してしまいました。

塗装の職人さんは、工期が間に合わなくなると大怒り。ちょっとした騒動になっていました。東京本社から役職の上の人が飛んできて、なんとか事を収めようと大変だったとか。

老舗の料亭ですから、カウンターももちろん檜の１枚板にするつもりでいたのに、蓋《ふた》を開けてみると、ベニア板を分厚く重ねてそこに檜の薄い板が1枚貼ってあるだけだったなど、事情を知る人によくよく聞いてみると、相場の倍くらいの金額をふっかけられていて、ある意味かわいそうでした。

その建設会社は、コマーシャルなどで名前だけはよく知られている会社です。そのため、お施主様は、ショールームできれいな家を見て、有名ブランドだし、現場監督も有名な大学、有名な建築会社にいた人だから問題ないだろうと信じてしまったそうです。先代に顔向けできないと泣いていました。

ブランドを信じてそれに左右されてしまうと、とんでもない目に合うこともあるという、いい例です。

このように施工管理技士という免許を持っていても、それはあくまでも試験に合格したということであって、実際には現場の管理は技量的に無理という現場監督がたくさんいるわけです。本当に仕事ができる現場監督は、普通の工務店にしかいないのではないでしょうか。

今は、東京あたりでゼネコンの下請け会社が、マンション建築の現場監督を募集したとしても、なり手がなかなかいないという時代です。年収８００万円を出しても人が足りなくて、困っているところも多いと言います。それくらい、本物の職人さん、そして彼らをきっちり仕切れる建築現場のことを知り尽くした監督は足りていないのです。

大切なのは、何をブランドと考えるかということです。名前が知られている、テレビコマーシャルでよく見かける、そういう会社だからブランドがあって安心ということではないのです。あくまでも現場で実際に働いている人を見る。その人たちが本当のプロの技術を持って建てている。それが本当のブランドだと思います。

有名企業という会社の傘の下で、技術もろくに磨いてこなかった頭でっかちの人間と、地元の小さな企業で、コツコツと技術を身に付けてきた人間と、あなたならどちらに家を建ててもらいたいでしょうか。名刺で仕事をしている人なのか、心と腕で仕事をしている人なのか、それをしっかり見極めてほしいと思います。

本当のブランドとは昔気質の職人さんたちのこと

どんなに効率化が図られても、建築現場ではあくまでも人が主役ということです。現場で人を大切にできない人、一緒に家をつくってくれる職人さんを大切にできない人は、いい家をつくることはできない。それは私が、日々実感していることです。現場に出向かず、現場のことを知らない社長は、職人や監督から信用されません。現場のことをよく知らず、ただ知識だけの頭でっかちの状態では、いい家は建てられません。

ですから私は、普段からできるだけ現場に足を運ぶようにしています。父が現場で育てたお弟子さんたちは、私が子供の頃から知っている昔気質《かたぎ》の職人さんたちです。

父から会社を継ぐことになり、今でも現場でいろいろなことを学ばせてもらっている私ですが、最初の頃はとにかくわからないことだらけでした。相手にしてもらえるまでに時間がかかりました。

私は必死に現場を見るだけでなく、関連本を漁《あさ》ったり、セミナーに出たりするなど、さ

愛するシロー（会長）とシローのお弟子さんたち。提坂社長を囲んで。

まざまなことを勉強し、ようやく知識の差やズレが少なくなり、対等に話ができるようになってきました。そうして、より多くのことを彼らから学ぶことができるようになりました。また逆に、法律の改正や、最新の技術についてなど、私から情報を提供することもあり、知識を共有できることも増え、職人さんたちとの信頼関係がより深まり、いい関係を築いています。

昔は、家を建てるときには大工の棟梁《とうりょう》がすべてを決めていました。よかれと思って、奮発したいい材料を勝手に使用して、素材も最高の家を「これでどうだ」と自信満々でつくったりしていたようです。

「付けといだでな（静岡弁）」と棟梁に言われると、「ありがとうございます！」とお施主様も満足して頭を下げる。そんな場面が30年くらい前まではありました。

ところがバブルの崩壊とともに、顧客側の要望がより安いものへと移り変わっていったのです。それと同時に職人に求められるものも、高い技術から、スピードやマニュアルをこなす作業へと変わっていったことはお話ししました。

それでも、細々とではありますが、昔ながらの建築方法や技術は、小さな工務店などでは職人さんから職人さんへと受け継がれています。職人さんがそういう高い技術を持っているかどうか、また、そういう人が活躍できる場が用意されているか、それが本物のブランド力ということだと私は考えています。

職人さんの技量はどうやって知るのか

今の時代、日本のあちこちで自然災害、人為的な災害が起こり、家を建て直さなければならない現場がたくさんあります。そういうところへは、全国から職人が集まってきます。猫の手も借りたいほど人手が足りていないので、どこもそういう人たちを使っています。しかし実際のところ、彼らにどれくらいのキャリアがあるのかはわかりません。じつは中途半端な職人がたくさんいて、雨漏れしてしまう、壁が剥がれ落ちたなどトラブルがしょっちゅう見受けられます。

職人の世界には基本的には免許がありません。左官や宮大工などには1級技能士などの免許もあり、ノミや手だけで木を扱える職人さんのライセンスもありますが、現代の建築現場では、ライセンスのあるなしはほぼ関係ありません。結局、目の前で家を建てていくという現場では、数字などでは判定できない経験値が全てと言ってもいいでしょう。

「S ウッド」シールは静岡県産材の証明。

ではどうやって職人さんの力量を見抜くのでしょうか。

その人には技術や経験があるのか。その経験をどう生かしているのか、どんな人物でどんな仕事ぶりなのか、それを見極められるのは、結局、地元の職人しかいないということです。地域密着で、地元の人たちのために長く働いている人だからこそ、その職人の力量や仕事ぶりは、はっきりとわかります。

「家を建てるなら、地元の工務店に頼みなさい」というのは、そういうことなのです。

ＡＩでは現場作業はできない現場はアナログの世界

建築現場はアナログの世界です。もし、大工さんが万歩計をつけているとしたら、１日建築中の家の中で普通に作業をしてるだけでも、１キロ（１８００歩）くらいは歩いていることになります。脚立を登ったり降りたり、屋根の上に上がったり床を歩き回ったり、家の中だけでの話です。それも、手に何かしらの道具を持った状態で、腰にも工具をぶら下げて。かなりの重労働ですし、同じことをロボットにやらせようと思っても、細やかで俊敏な動きは、なかなか真似のできるものではありません。職人さんたちは、非常にアナログ的な作業をしているといって間違いないでしょう。

プレカットの材料を使って家を建てられる今でこそ、５年で年が明けるとも言われますが、通常、大工として一人前になるまでには、丁稚奉公《でっちぼうこう》（職人さんの弟子となり、生活をともにする）から始めて最低でも10年くらいはかかります。今では、木を手作業で加工する「刻み」という作業を行わない現場も多いので、教えないことの方が多いかもしれませ

墨付けと手刻みが出来て
本物の大工と認められる。

んが、昔は、「墨付け」といって、刻み作業をするために必要な目印を木に付ける作業ができるようになって、はじめて一人前という判断をされました。墨の付いた糸をパチンと弾くことで、一発で木の上に綺麗な1本線を付けること、それが「墨付け」です。

木は生きものです。木屑から加工された材料とは違って、本物の木であれば、少しずつ曲がっていて個性もあります。工場からプレカット加工されて届いた木材ですら、湿気が多い日は曲がってしまうこともあるくらいです。生きている木を、この木はこっちに反っているからこの木と組み合わせよう、この木はそちらに持っていって、と上手にバランスのいい組み合わせを算段しながら、職人は墨付けをしていくのです。何年もの間に培った経験と知識がないとできない作業です。木も人も生きていますから、天気や気分などさまざまな要因で、具合や調子が変わってくるものです。

たとえば、天候によって乾燥剤を使ったりしますが、雨などで木が水を含んだら少し膨張してしまったり、湿気の多い日だと曲がってしまったりします。暑い日に太陽の光に照らされれば、反ったりもします。そして職人さんは、その様子を見ながら、シートをかけるなど細やかな気配りをするのです。天然の木を扱うというのはそういうことです。

わが社の大工さんは、時には床板を貼る場所を見極めるために、床板まで梱包を全部開けて確認作業をしています。がっちりとした家を建てるためには、１本１本のクセをよく見極める必要があるからです。

伐採した後も50年、60年と生きているのですから、木は単なる材料ではないということ。人を扱うように、大切に思いやりを持って扱うべき存在なのです。

左官作業をするのにも、熟練の職人さんの存在は重要です。うどんや蕎麦を打つのに湿度や気温が重要なように、漆喰を調整して塗る作業も繊細で、熟練の技が必要なのです。コップ半分の水の量でも、少し調合を間違えると色が変わってしまう場合もあります。冬だとすぐに凍ってしまうので、塗る作業が可能な時間も限られますから手際のよさも重要です。

デジタルのデータだけでは、そのようにものごとは運びません。機械やツール、プログラムだけでは難しいアナログの世界がそこにはあります。

優秀な設計士さんが、パソコンでＡＩの計算式を用いて引いた図面でも、これには矛盾がある、実際の現場では不可能だといったことが、経験値でわかるのが現場をよく知る大工です。家にしろ、もっと大きな建造物にしろ、最終的には、人間がこれまでの経験と細やかなアナログ的な発想、さらに磨き上げてきた技術を駆使してつくりあげるものだということを忘れないでください。

職人が腕に心を込めてこそ技術が技になる

いくら腕がよくても、いつも怒っていたり、人の話に耳を貸さなかったり、「バカ野郎」と周りに対して荒んだ気持ちでいる職人さんでは意味がありません。その人がどのような思いで仕事をしているか、心を込めて家づくりに取り組んでくれるかどうかも大切なことです。

若い頃、現場をよく知ろうと、家の壁にビスを打つ（機械でダダダダッと釘を打っていく）作業を手伝わせてもらったことがあります。お恥ずかしい話ですが、私は根気がなくてすぐに作業に飽きてしまいました。

その時、連れていってくれた大工さんに、「お前の打ったビスは斜めに曲がっているじゃないか」と怒られたことは言うまでもありません。

そこで「どうして、あんなに真剣にビスを打てるんですか？」と聞いたらこんな答えが返ってきました。

「それはお前、全部の場所を見て、この家のために、一番いい方法を1本1本考えながら打っているんだ。飽きる飽きないじゃないだろう」

今も一緒に仕事をしている大ベテランの職人さんですが、そんな思いで日々仕事をしているのかと、感動しました。そして、自分の生半可《なまはんか》な考えを反省したことをよく覚えています。

それ以来、自分は作業に手を出すことはせず、職人さんたちに、どれだけ気持ちよく仕事をしてもらえるかということに、気を配ることに専念しています。

ビスひとつ取り上げても、職人の技術の世界は奥深いということを、ちょっとお話ししましょう。

ここに1枚、板が立ててあるとします。これが、地震などが起こって倒れてくるとしたら上から斜めに倒れてきますよね。壁にビスを打つ時、等間隔にきれいに打ってもかまわないのですが、本当に家のことを考えている大工さんは、上にいくにつれて間隔を狭めて余分に多くビスを打ってくれます。ビスを打つ手間が増えることよりも、住む人の安全を考えて作業をしてくれるのです。

これはほんの一例です。誰にもわからない細々としたところで、このような配慮してくれる、心を込めて仕事をしてくれる、本当にいい大工さんに家を建ててもらうということは、こういうことなのです。ありがたい話です。地元の工務店で、住む人の顔がわかっている人だからこそできることかもしれません。

職人集団、その技術を伝えていくのが工務店

さらにお話しすると、多くの人はあまり気にしていないと思いますが、木には、裏（内側）と表（太陽に当たって表面側）、元（地面側）と末（空側）があります。

そもそも木には、表に向かって反り出す性質がありますし、根っこに近い元の方が丈夫なのは、言うまでもありません。同じようにカットされた木でも、この部分は建物を支える側に使うといいのです。

目の前にある木材が、表なのか裏なのか、そして元なのか末なのかをわかった上で、うまく組み合わせる技術が必要なのです。

今は、建売住宅などでは、木の元と末（先）など関係なく、つまり扱っている人間もわかっていないので、逆さまの状態で柱として使われてしまっている「逆柱」の家がたくさんあります。昔、大工がそんなことをしたらぶっ飛ばされました。大目玉どころの話では

ありません。

技術のない会社は、工務店とは呼べないと思います。本当にいい工務店は、このような細々としたところまでしっかりと技術を継承しています。

そして、目の届く範囲で、顔の見える仕事をするのが工務店のいいところです。地域密着ですから変なことはできません。地元で長く続いている工務店は、やはり地元住民の評判がありますから、きちんとしているものです。

大切な財産を使って、一生住み続ける家を手に入れるのです。契約をする前に、大工の棟梁《とうりょう》には必ず会って、どのような人柄なのか、どのような思いで仕事をしている人なのか、どれだけ技術を持っているのかと言ったことを確認してみるべきだと私は考えます。

直接会って言葉を交わしたのですから、施工主であるお施主様のことを思い浮かべながら作業をしてくれる、そういう人に建ててもらうのがいいに決まっています。

日本中に、あなたの近くにも探してみれば、愛すべき職人さんたちが働いている現場は必ずあるはずです。技術を持ったそういう職人さんに家を建ててもらうこと。それが、地元の工務店では叶《かな》います。

第3章

信頼のおけるパートナーを見つける

いい家を建てるために一生のパートナーを見つける

家は、建てて終わりではありません。

その後の、長い期間の方がさまざまなことが起こります。定期的なメンテナンスを行なって、より良い状態を保ち続けなくてはなりません。家のかかりつけ医という意味合いの「ハウスドクター」という言い方もありますが、まさに、何かあればすぐに飛んできて見てくれる、信頼のおける医者のような大工さんを持てるかどうかで、住み心地は随分と変わってきます。

ですから我が社も、お施主様から電話が来たり、何かあればすぐに対応できるように体制を整えておくよう努力をしています。そこまでしてくれる工務店は、そう多くはないかもしれません。でも、お施主様の立場からすれば、こういう頼もしい存在を必要しているはずです。お施主様と建築会社は、一生のパートナーという関係を築くべきだと私は考えています。

あなたが家を建てる時、相手がこのような考えを持っているかどうかを確かめることは、長い間のお付き合いになるわけですから、大切なことではないでしょうか。


以前、何らかの理由で地域全体が停電してしまったことがありました。

太陽光発電用のパネルを設置している家の方から、「自分でつくった電気、こういうときに使えるんだよね」と電話がありました。通常はこのような家の場合、つくり出した電気は電気会社に売り、自分たちは、電力会社から購入した電気を使って生活しているケースがほとんどです。その方が効率がいいからです。そのため、普段は使っていない自家発電の電気を使用するには、専用のスイッチを入れて少し待つ必要があるのです。

その場所がわからなくて困っているだろうと思い、すぐに車を飛ばして駆けつけると、「まあ、こんなにすぐに来てくれるなんて」とびっくりされました。そして、とても喜んでいただけました。

このようなケースは稀ですが、お施主様は日々、家のことでちょっと困ったなという場面に遭遇しているものです。とはいえ、ちょっとした不備があったとしても、その場ですぐに連絡をして相談を持ちかけてくれる人は、そう多くはいません。気になりながらも、あまり大きなことでなければ「わざわざ呼ぶのは悪いかな」と遠慮したり、そのまま忘れてしまう人も多いのです。

ですが、毎日の暮らしの中でのちょっとした不具合、不便さというのは意外とストレスになるものです。早めに解消したらスッキリするでしょう。

このようなことから、我が社では、専属のスタッフを雇って、直接、施工した住宅を定期的に回ってもらうようにしています。昼間、いらっしゃらない方もいるので、ダイレクトメールも、毎月２４０通ほど届けています。フェイスtoフェイスでお会いするのは１２０軒くらいでしょうか。

そこで、「○○さんが、こんなことを言ってました」という連絡を受けると、まず、私が工具を持って駆けつけるようにしているのです。

元々は、今は会長職に就いている父がバリバリ現役で仕事をしていた時代、まだ時間のあった自分が、できるだけお施主様の方とコミュニケーションを取ろうと始めたことでした。顔を覚えてもらって信頼してもらうために、ルート営業のつもりで回っていたのです。父の存在は大きかったのですが、このように地道な努力を重ねて、徐々にではありますが、地域の人たちに認めてもらえたように感じています。

父は、人懐っこい性格というのでしょうか、島田という地域性もあるのでしょうが、お施主様との付き合い方もザックバランです。昔の職人さんというのはそんなものなのかもしれませんが、父は、自分が建てた家には、「調子はどうだい」といった感じでどんどん上がり込んでいってしまうのです。

するとお施主様も、「お、四郎さん（父の名前）、お茶でも飲む？ゆっくりしていきな」と、こんな対応です。さすがにまだ私は、そこまでの域には達していません

棟梁である四郎会長と著者。

が、それでも年に1回は、施工した家に顔を出して挨拶をするようにしています。すると「四郎さん、元気?」と聞かれます。

このように一生続いていく良好な関係をお施主様と築いていくことが、お施主様の暮らしを支えることにもなります。いい家を建てる、建ててもらうということは、こういうことなのではないでしょうか。

最高のパートナーを選ぶために

なかには難しいお施主様もいらっしゃいます。難しいと言っても、細かいことを指摘される、専門的な建築知識を誤って理解していらっしゃるなど、じっくり話をさせていただければお互い理解し合えるものです。

けれども、何かしらの先入観があるのか、はじめから壁を作って接されるお施主様もいらっしゃいます。こちらがまるで欠陥品を売りつけるセールスマンのように思って敵対的に対応される方です。なかなかこちらの気持ちが伝わらずに苦労はしますが、でも、よくよくお付き合いをしてみると、誰に対してもそのようなきびしい態度をされるようで、いわゆるそういう性格の人ということになります。

人は、十人十色ですから、さまざまな性格の人がいるものです。最近では、そういうお施主様の性格を理解して、なるべく相手の土俵で話をする術《すべ》を身につけることができました。ですから、どういう質問をすればいいのかがわかっているので、トラブルになるということもなくなりました。

もちろんお施主様も、時間をかけて吟味して工務店を選ぶべきだと思います。逆にお施主様の方からしても、「どうもこの人とはうまく話が噛み合わない。私の希望がうまく伝わらない」というケースがあると思います。そういう場合は、遠慮することなく、納得がいくまで話し合いをするべきです。それでもどうしても合わないなと感じたら、会社を変えることも必要です。

お施主様と工務店というのは、家というものを媒介にした、あくまでも対等なパートナー、お互いの人生を共によりよくしようとする間柄なのです。

一方だけの思いでは、コミュニケーションは成り立ちません。お互いに尊敬し合いながら、思いやりを持ちながら、共に歩んでいくことが大事だと今は考えています。

また、家を建てるということは、お施主様の人生の中でも大きな決断ですが、家族の人生にも大きく影響を与えます。特に家族身内からのお金の援助の問題です。

つまり、いい「家づくり」には、お施主様のご両親の援助というのも見過ごせない要因となります。少し予算が足りない時にご両親が援助をしてくれるかどうかは、意外と重要なのです。

大手ハウスメーカーの営業方法は、目一杯お金を借りてローンを組む、もしくは「ご両親から借りて頭金にしましょう」などと、説得するようです。

私は、お施主様のご家族の話を伺い、さまざまな事情を考慮して無理のない形でローンを組むようにアドバイスさせていただいています。それでも、ご両親からの援助がある場合は、より希望に適った「家づくり」ができる場合が多いことをよく知っています。

ですから、家を建てようと思いついたら、まずご両親にご相談するのが一番なのではないでしょうか。

このように、私も単なる「家づくり」の工務店という枠から出てしまい、いろいろとお施主様のご相談を受けてまいりました。ご家族の関係、お身内との関係、大小さまざまな問題を抱えながらも、理想の「家づくり」の実現に一生懸命です。その一生懸命さに心が動かされないわけがありません。ついつい私もいろいろとご相談にのって、お身内の間を動き回ってベストな解決に奔走《ほんそう》することもあります。

お互い信頼し合いながら、理想を追い求める――お施主様は一軒の理想の家を手に入れる――私どもは理想の仕事をして家を建てる。

これこそ、本来の工務店の仕事ではないかと思うのです。

ですから、お施主様も「一生のパートナーになる人を選ぶ」という思いで、工務店にご相談ください。このような気持ちでお互いに接することができたら、それは、いい家づくりの第一歩になると思います。

お施主様と工務店の関係は〝結婚〟のようなもの

家を建てるとしたら、多くの人は35年くらいのローンを抱えることになります。「10年ひと昔」と言いますが、30年となると、時代もまったく変わります。何が起こるか予想もつきません。

そんな長い期間、建てた家のメンテナンスなどで、お施主様は私ども工務店と一生のお付き合いになるのです。私は、常にお施主様とは〝結婚〟するくらいの覚悟でいます。

そのくらいの気持ちで、真剣にパートナーとして一生お付き合いをしたいと考えています。

極端な話、家を建てるということは、お施主様の収入や家族関係など、さまざまな情報をすべて知ってしまう、その方の人生そのものと深く関わることになるわけです。とても責任重大ですし、一方でやりがいに満ちた仕事だと思います。だからこそ、お互いにしっかりと相手を吟味して、パートナーを選ぶことが重要なのです。

まず、はじめが肝心で、丁寧にご説明をして家づくりの不安を払拭することで、安心していただきます。必要とあらば、ご両親や身内の方にも会って十分なご説明をいたします。

こちらの熱意が伝われば、みなさん認めていただき安心してくれます。

すると、「いい工務店さんだね」と応援もしてくれるようになります。お施主様にとってもいいことです。ご家族との関係性が深まることで、結果的により良い家づくりに近づきます。

地元の工務店ならではかもしれませんが、近所の人たちの井戸端会議で、家のことなら「あの工務店さんに頼んでおけば大丈夫」という話が出るようになれば、本当にありがたいことなのです。

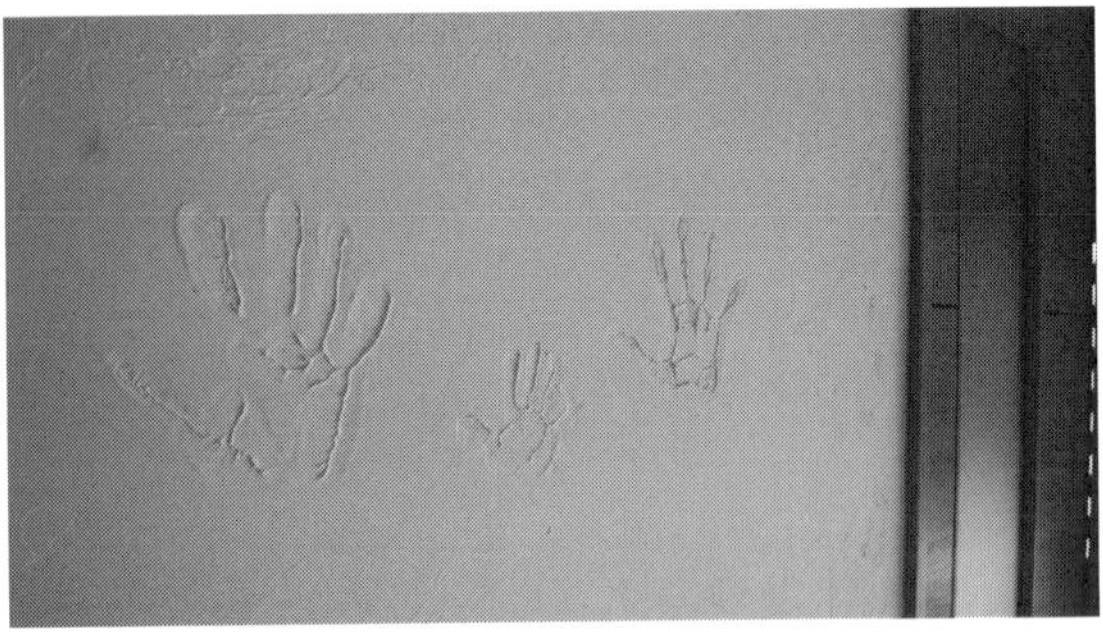

お施主様との思い出づくり。塗壁にする時は手形式を行なう。

選びすぎると結局不利になる

パートナーを選ぶという話をしてきましたが、次に費用の話をさせてください。

お施主様の中には、何社も候補にあげて相見積りを取られる方がいらっしゃいます。少しでも安く家を建てたいという気持ちは、私だってわからなくはありません。とはいえ、やはりそういうことを、特に内緒であちこちの会社からお見積りををとられるのはあまり気持ちのいいものではありません。

少しでも安く、得をしようとそういうことをやり過ぎると、どこの会社からも疑問を持たれて結局は損をすることになると思います。

私は、基本的に相見積りでのご相談には応じない姿勢を貫いています。お見積りを出した時点で、お施主様のご要望を伺って、我が社でできる限りの条件をお出ししているからです。ですから、自信を持ってお見積りを提示し、内容を詳しくご説明させていただいております。

私は、お施主様が思い描く家を、万全の準備をもって心を込めて建てたいと思っているのに、どこでもいいから一番安いところにしたい、つまり、内容よりも金額で決めたいというお考えの方とは相容れないものがあります。

ご予算が心配な場合なら、「私はこういう家が建てたいんです。そして、提坂さんのところに是非お願いしたい。でも、予算がこれしかないんです。なんとかなりませんか」と熱く語られれば、私も根は単純ですから嬉しいものです。「わかりました。全力で頑張ってみますよ」と答えざるを得ません。

あらゆることは人と人とのご縁です。正直に事情を話してくれたら、頼りにされたら、誰だって頑張ろう！　と張り切れるのではないでしょうか。

パートナーを選ぶときにも、思いやりは大切だと思うのです。相見積りを取ったり、駆け引きをしたりしない。それは、お施主様から工務店に対する思いやりなのかもしれません。最初から正直に接していただければ、どこの工務店もきっときちんと応えてくれるくれるはずです。人情として、心が通ったお施主様には、お見積り以上のことをやってあげたくなるものです。

それが最初から、お金のことしか言われない、そこでしか評価されないとなれば、気持ちも入りにくいでしょう。コストダウンのことだけを考えた、誰のためのものなのか、よくわからない家が建てられてしまうでしょう。それは本当に得したことになるのか、私は、はなはだ疑問に感じます。

「見積り次第だ」と啖呵《たんか》を切られるお施主様に接すると、正直、「もったいないなぁ」と残念な気持ちになってしまいます。

誰のために、何のためにが伝わると工務店は頑張る

しかし、値段やコストは、もちろん大事なことです。お施主様の考えているご予算もあるでしょうから、ご希望とコストはなかなか難しい問題になります。

しかし、家づくりの内容よりも、はじめから値段の話を出されてしまうと、こちらも面食《めんく》らってしまいます。ただ安ければいいのであれば、品質を落とした家を建てることは可能です。また、抵コストで建てるというのが売りの会社にお願いすればいいのです。

我が社では、一生をかけて付き合っていく大事な家を建てるのに、信頼していただける一定のクオリティーを保ちたいと考えているので、このようなこともお話ししています。

家を建てる上で、本当に大切なことは何でしょうか？

それは、そこに住む人の思いではないでしょうか。

その思いを組んで、一生懸命その思いに応えてくれる工務店を探した方が、きっと長い目で見て、満足のいくいい家を建てることができます。

私は、自分も子育ての真っ最中なので、特に子育て世代の家づくりには、より一層寄り添うことができますし、得意とする分野です。子供の成長に合わせた間取りを工夫することは、後々、使い勝手が大きく変わります。相談いただければ、できる限りのことをしようと思います。

どこの工務店にもそれぞれ得意分野があります。自分の思いをより理解してくれる、考え方が似ているところを選べば、家づくりはより楽しくなります。

何度も言いますが、地域に密着した工務店にとっては、やはりお施主様の思いはとても大切なのです。高飛車に来られたら「なんだ」となりますが、「なんとかお願いできませんか」と頼られたら、「よっしゃ」となるのが人情です。

大手のハウスメーカーさんであれば、決められた利益を出さなければならないですし、ノルマもあるでしょう。でも、地元の工務店は規模も小さいですし、お施主様の思いにも

島田市M様邸―アンティーク・ダメージ床と柱等をエイジング加工して、とても雰囲気の良いLDK。

応えやすいと思います。

誰のために家を建てるのか、何のために家を建てるのかというお施主様の希望や思いをもっとも大切にしているので、直接それが伝わってくれば、「お施主様のためになんとかしよう」と、思わず頑張らざるを得ません。

ですから、どうぞ地元の工務店に対して本気で接してみてください。きっとご希望の素晴らしい家を建てる一歩が踏み出せるはずです。

財産となる家を任せられる人を見つける

家は一生住み続けるもの、大切な財産の一つです。

家族にとって安心安全なことはもちろん、心から安らげる場所であるべきものです。その家を建ててくれる人とは、一生のお付き合いとなります。自分の大切な財産のことを、これから一生任せられる人でなければならないでしょう。

知識や経験が豊富で、自分や家族のことを真剣に考えてくれる人、人柄もよく長く付き合うことのできる人、そしてもちろん、できるだけ近くにいてくれるのが一番だと、私ども地元工務店こそ最高のパートナーだということを長々と解説してきました。

家を建てる立場の私からすると、お施主様の家づくりを任されるということは、お施主様とそのご家族の人生に交わることでもあり、その人となりや家庭環境から、様々なことを伺いますので、少しでも家に関するもので必要なことには対処していかなければなりません。

それが苦にならずに、楽しいと思えるかどうかも大切なことだと、最近は思うようになりました。

お施主様との対応のなかで多いのが、お施主様のお父さま、お母さまとの関係です。

「家づくり」をはじめるご相談から参加されるご家族もいらっしゃいますが、ご契約が済み、施工に入ってから、突然、お施主様を押しのけてご指示をされる方もおいでです。

ご両親に資金面で助けてもらっている場合は、なおのことなのかもしれません。お施主様とご意見が分かれて、ご指示される場合があると、こちらはとても困ってしまいます。

ですから、ご両親とお施主様の家族の関係が〝仲がいい〟と、すべてがスムーズに行くように思えます。

第5章で説明しますが、ご家族みんなで十分話し合って、間取りから、細部までどんな家にしたいのか、イメージを一致させ得ておくことが〝いい家づくり〟のコツと言えます。

そして、ご家族みんなの意見をまとめて、お施主様である旦那様と奥様が代表となってこちらに説明していただくと、勘違いや間違いがなく、期待どおりの「家づくり」が進みます。

ときには私も、自分の家族のように接してしまい、余計なことを提案して、かえってみなさんを迷わせて混乱させてしまったこともあります。思いが強くなり過ぎて、自分が住むイメージで話をしてしまったからかもしれません。

ですから、お施主様の気持ちにできるだけ寄り添いながらも、プロとして、適切なアドバイスも忘れてはなりませんので、家の強度が著しく悪くなるような、お施主様のご希望に対しては、時間をかけ、なぜそうなのかと説明をし、他の方法をご提案させていただいたり、こうした方がもっと使い勝手がいいと判断すれば、積極的にこちらの案をおすすめすることもあります。

せっかくこちらでよかれと思ってご提案したことでも、お施主様が疑心暗鬼になって、何でも否定されてしまうと、心底がっかりしてしまいます。こちらが「家づくりのプロ」としての経験に基づいたご提案ですから、ぜひとも耳を傾けてもらいたいのです。その上

焼津市のM様邸―大黒柱がＬＤＫの中心にある。

で、判断していただけたらよいと思います。

建てた家は、ご家族の財産となります。この財産を、ご両親やお身内の方々に見ていただいて「いい家だね」と思ってもらいたいですし、それが、ご家族みんなの幸せにつながることだと思っています。

そのためにも、家づくりのプロとしてどんな些細なことまでも骨身を惜しみたくない、と私は考えているのです。

いい家を建てて評価されるということは、ひいては、人から人へ、「あの工務店はいろいろ親身になってやってくれるよ」という話が広がることであり、地元地域の方々に安心して声をかけてもらえるプロ中のプロとなることだからです。

ただ家を売るのではない、その人の人生を共に一緒につくるということ。家を建てるということは、そういう仕事だと思って、日々励んでいます。

第4章

家を建てることで一番大切なこと

家を建てるとき
大切にされるべきなのは
あなたの「想い」

お施主様からこんな話を聞いて驚いたことがあります。

ある週末、大手のハウスメーカーのモデルハウスに、午後3時頃見学に出向いてみたら、その会社の話をひたすら延々と聞かされて、長時間缶詰状態となり、なんと、夜の8時まで帰れなかったというのです。

さらには、どんな家を建てたいのかというお施主様の要望をこと細かくヒアリングされてもいないのに、その後、担当者が、1週間のうちに3回も見積りとプランを持ってきてくれたのだとか。

つまり、お施主様が勤めている会社から類推される年収から計算して、これくらいまではローンを組めるという与信額、家族構成やライフステージがこうだから、だったらこれくらいのプランがいいのではいうデータをもとに、あくまでもメーカー側が売りたい家を、自分たちの都合で提案してきているということです。

そこに、お施主様ご家族の「こんな家に住みたい」「あんな生活をしたい」という夢や「想い」が入り込む余地はありません。

その家族は、敷地条件すら伝えていないのに、次から次へと見積もりを出してくるそのメーカーさんに疑問を感じ、私が既存のお施主様たちの協力を得て開催している、当社の「完成見楽会」という見学会に足を運んでくれたのでした。

折り込みチラシ上に「見楽会に来て良かったと思える人はこんな人」と挙げた中に、私が「家づくりに想いを込めたい人」と書いていたのを見て、「本当に、そんな家づくりができるのだろうか」と確かめに来たのだと言っていました。

結局、その方は、「見楽会」で見た家を気に入って、当社の家づくりに共感してくださり、その後じっくり時間をかけて打ち合わせを重ねて、ご夫婦の想い入れを実現させる家づくりをお手伝いすることができました。

島田市のＩ様邸ー旦那様の「いつも家族を感じていたい」といいう想いに応えるべく、自転車トレーニングルームとＬＤＫが見える。

あくまでも家を建てるのはお施主様です。誰のために家を建てるのか、それはもちろんご家族のためでしょう。

まちがってもハウスメーカーの売上や利益のためではありません。大切なのは、メーカーの都合ではなく、お施主様とそのご家族の「想い」です。

その想いを汲み取って、あなたの夢に寄り添った家づくりをしてくれるのは、年間何棟販売しなければならない、いついつまでにあと数億円売り上げなくてはならないといったノルマを抱えたメーカーではなく、やはり一生懸命、1軒1軒想いを込めて家づくりをしている地元の工務店だと思います。

ハウスメーカーの営業マンは、ノルマ達成のためにさまざまな提案をしてきます。職人さんは腕が立ちますが、営業マンは口が達者です。魅力的な話を上手に表現して、最大限のローンを組ませて、契約書にサインをさせるのが仕事なので、致し方ありません。ただ、あとで、「言った」「言わない」で問題になることもあります。

けれども私たちは、お施主様に将来のご家族の生活設計などの話を伺い、無理のないローンを組んでいただき、せっかく建てる家がご家族の未来の力になるように願っています。話は上手くありませんが、お施主様のためを思って考え、一緒に家づくりをしていこうと思っているのです。

目の前にいる人が、家は誰のために建てるものなのかということを理解し、あなたの想いを叶えようと奮闘してくれる人（＝会社）なのかどうか、しっかり見極めなければなりません。

あなたは誰のために家を建てるのか

「誰のために家を建てるのか」ということを、私はとても重要に考えています。

我が社が最も大切に思うのは、小さな子供がいるご家族です。それは、私も今、同じように子供を育てている最中なので、一番お施主様の「想い」を汲み取ることができると考えているからということもあります。

家づくりに対する思い入れは、やはり奥さまの方が強いことが多いです。それは、子育て中のご家族であれば特に、奥さまの方が家にいる時間が長いことが多いので、当然のことでしょう。

奥さまがだいたい、「こうしたい」「これは嫌」と積極的に意見をおっしゃいます。ただし、最終決定権は旦那さまにあることが多いので、いい家をつくるには、お互いによく話をしていて、夫婦仲がいいことがとても大切です。

どちらか一方の想いだけが反映されても、満足のいく家は建ちません。

私は、その辺りのバランスをうまく取ることも仕事の一つだと考えています。地元の工務店だからこそできることかもしれませんね。


そこで、誰のために家を建てるのかということですが、お施主様の話をよく聞いていると、子供のいるご家族は、夫婦のためではなく、子供たちのために家を建てるというケースがほとんどだということがよく分かります。


賃貸アパートに住んでいると、うるさくないか、迷惑をかけていないかと隣近所にも気を使います。はしゃいでドタバタと走り回っている我が子に、「静かにしなさい」と叱らざるを得ない場面もしばしばあります。

特に、一軒家でのびのびと育った経験のある方にとっては、それは、子供に言いたくない言葉だと思います。親であれば、我が子には家で思う存分、自由に遊ばせてあげたいと考えるのではないでしょうか。それが、家づくりのスタートになることが多いように思います。

実際は、想いを込めて建てた家に長くいるのは、子供よりも親の方かもしれません。それでも、子供がのびのびと遊びまわることのできる安心、安全な家を建てることができたら、その子供が成長し、今度は自分の子供を持ったときにも、同じように、のびのび子供を育てられる家に住みたいと思うのではないでしょうか。

そして、地元の工務店で立てた家で暮らした子供たちは、自分も地元の工務店で家を建てたいと考えてくれるのではないかと思うのです。

幸せな家で育った思い出のある子供は、一度は外に出て学校（大学）などに行ったり、仕事をしたりするかもしれませんが、いずれはまた地元に帰ろう、自分が育った地域に家を建て、そこで幸せな家庭を築こうと思ってくれるのではないでしょうか。そのように代々幸せが続いていく家づくりの循環は、地域の活性化にもつながるのではないか。そうして、地元に暮らすみんなが幸せになれる。理想でもありますが、私はそのように考えています。

故郷から出て行った子供たちも安心して帰れる家の存在は、きっと大きな心の支えになると思います。普段は忙しい毎日を送っているので何とも思わないけれど、無くなってしまったら寂しい故郷の家。帰る家があることが心のよりどころとなり、安心して県外で働ける人もいます。

もちろん、地元に帰ることのない人もいるでしょう。娘さんだったら別の場所に嫁いでいくこともあります。それでも、子供を産むときだけは実家に戻るという人も多いことでしょう。そんなときは、生きた木で建てられた気持ちのいい実家で、のんびりと時を過ごし、存分にいい気を吸って、元気な赤ちゃんを産んでくれたらいいなと思うのです。

そして、そのご家族が家を建てるときには、他の地域で、信頼の置ける地元の工務店を選んでくれたらいいな、そんなことを思います。

人と付き合うように工務店を付き合うと得られるもの

工務店という存在は、利益追求を最大目的としている会社というよりも、時代的かもしれませんが、まだ人間性を残している個人商店のような側面をもっているのではないかと感じることがあります。

とはいえ、実際は会社組織ですから、利益度外視で家を建てることはないですし、お施主様と長くお付き合いをするために、会社を存続させていかなければなりません。しっかりいい家を建てて、正当な報酬を得て会社を運営していくことが大切です。

でも、私の周りにいる仲間の工務店を見ていても、人間くさい部分が多分にあるように思います。情に厚く、人から頼られたら嫌とは言えず、できる限りのことをしてしまう、好きだなぁと思った人、気の合う人にはとことん尽くすし、なんか嫌だなぁと感じる人からは距離を置きたい、そんな一人の人間が思い浮かびます。

地元の工務店であれば、それほど大きな規模のところは少ないでしょうから、おそらくその会社のイメージは、ほぼ＝社長ということになるのでしょう。工務店と付き合うときは、一人の人間と付き合うようなイメージでいるといいのではないでしょうか。


お施主様と一緒に家づくりをしていて、「すごく楽しかった」といっていただくことが多いのは、私としてはとても嬉しいことです。「提坂さん、飲みに行きましょうよ」と誘われれば、喜んでご一緒します。

もともと人に興味があるので、人と話をすることが全く苦になりません。むしろ、人と交流が深まりいろんな話を聞くことで人生経験も深まり、それがさらには、次の家づくりに役に立つことも多いのです。

お施主様からしても、長く住むことになる、そして財産でもある家を任せるのであれば、勉強熱心で経験が豊富、一緒にいて楽しくて、長く付き合ってもいいなと思える人がいいのではないでしょうか。私がお施主様の立場だったら、そういう面白い人を選びます。

そんなこともあり、私はとにかくお施主様とはできる限りたくさん会話を重ねて、密に

筋交いをあらわし、広々としたリビングダイニング。

コミュニケーションを取ることに全力を傾けています。一見、家にはなんの関係もなさそうな無駄話が思わぬ発展につながることもあるからです。

無駄話からお施主様の志向がわかり、「家づくり」に活かせることもあって、お互いにプラスになることがあります。

お施主様のさまざまな思いを聞きながら家づくりに関わってきて、気がついたことがあります。それは、家の間取りを決めるとき、その人の子供の頃の環境、どのような家で育ったか、どんな生活習慣だったかということが、大きく影響を与えているということです。

例えば、兄弟が多く自分の部屋が持てなかったという人は、自分が家を建てるときには、まず子供には、個室を与えてあげようとする傾向があります。逆に、自分はそういう環境に慣れているから、書斎など「自分の部屋は、いらないよ」と言う人もいます。

どちらにしても、お施主様がよく子供時代の話をしてくれるのは面白い現象です。子供の頃に住んでいた家の体験が、自分の家を持つとき、間取りを決めるのに深く影響していると思います。

ですから私は、お施主様の何気ない話などにも耳を傾けるようにしています。話を伺って、過去の経験などをふまえた上で、「こういう間取りがいいんじゃないですか」と提案をすると、「なんで、私の思いをわかってくれるの！」と喜ばれることもしばしばあります。

「家で仕事をすることもないし、自分の部屋はいらない」と言っていた方に、趣味の話を振ってみると、テレビゲームでした。よくよく話を聞いていると、できることなら個室にこもって思う存分、ゲームをしたみたいという願望があることがわかりました。

そこで、小さいながらも鍵をつけて居心地よく篭《こも》れる部屋をつくってあげたこともあります。その方も、子供の頃に個室を持てなかったという体験の持ち主でしたが、「長年の夢が叶った」と心底喜んでくれました。

毎日暮らしていて、「ああ、幸せだなぁ」「この家を建てて本当に良かったなぁ」と思える家、それこそ本当の意味での財産だと思います。そして、お施主様からこのような声を聞けるのは、この仕事をしていて本当に良かったと思える瞬間です。

あなたの夢を叶える「家づくり」

私のお施主様で、こんな方がいました。

奥さまが、昔よく遊びに行っていたというおじいさんの家が大好きで、どうしてもその家と同じような家を建てたいという要望がありました。最初は抽象的なお話で、奥さまが言うには、大正ロマン的で、しかもただ古いのではなく、現代的な要素もある家にしたいとのこと。正直私には、どんな家にしたいのかさっぱりわかりませんでした。

「大正ロマン的で現代的な要素……」そこから、イメージをいろいろ聞いていきました。探っていくと、どうやら床板と天井にポイントがあるらしいということがわかってきました。床板がツルッとしていて焦げ茶色をしている。そして、天井は板張りである。少しずつ話を伺い、イメージをすり合わせてつくっていきました。

島田市のＳ様邸―薪ストーブと吹き抜けの相性抜群の間取り。

最初のうちは、奥さんの熱心な説明を聞くばかりで、旦那さんはあまり話をなさりませんでした。

奥さんの要望を全部叶えるとなると、なかなか凝《こ》った「家づくり」になります。いざ、お見積りをご提出すると、通常の家とは少々違いますので「見積もりが高い」と言われてしまいました。

お見積りが高くなるのは、ご要望どおりな家をつくるとなると当然なのですが、私はなぜそうなるのかを納得していただけるように、ひとつずつ説明していきました。

でも、奥さまは「私が、こうしたい、あれが欲しいと言いたい放題伝えて、それを叶えてくれているんだから、高いのは当然よ」と意に介しません。最終的には旦那さまは、「奥さまが夢を叶えられるのなら」とニコニコして、希望通りの家を建てられました。
赤や白が混じる杉の木の、自然の色を生かしグラデーションになった壁が見事な家は、私がこれまで建てた中でもかなりカッコイイ、モダンな家になりました。

そして、家を建てた後も、わざわざ会社に足を運んでくれて、「提坂さん、聞いてくださいよ。友人たちがね、みんな我が家に遊びに来て、すごいすごいと褒めてくれるんですよ」と報告してくれました。とても喜んでいる奥さまの様子を見て、旦那さまはまた、ニコニコされているのです。こんなに嬉しい光景はなかなかありません。

結局、家を建てるということは、お施主様の夢を叶えるということです。ですから、家を建てた後、お施主様が夢であった家で、希望どおりの生活を送るところまで、できる限りその夢の実現に協力してあげたいと思うのです。
そのために、アフターフォローというか、住み心地を伺ったり、メンテナンスに行ったりはもちろんのこと、それ以上にお施主様との関係は、家族同士の関係にまでなってしまうこともしばしばです。

大手のハウスメーカーでは決してあり得ない話だと思います。「一生のお付き合いをさせていただきます」といっていた営業マンは、もう他の物件で多忙だったり、配置換えで他の地域に転勤だったり、もう退職されていたりで、一生のお付き合いどころか、物件が引き渡されてからは二度と訪ねてくることはないという有様でしょう。

お施主様の状況によって臨機応変に対応できる、小回りのきく地元の工務店だからこそできる話です。

それこそ「一生のお付き合い」をさせてもらっているからでもあります。そして、私にとっても、自分の会社が建てた想い入れのあるお施主様の家を自分の手で守ることができるのはありがたいことなのです。

大切なのは住む人の安心、安全

「想い」ももちろん大切なことですが、家づくりにおいて忘れてはいけないことがあります。それは、住む方の「安心」「安全」です。

時々、マンションの構造に欠陥があり建物に亀裂が入ってしまって問題になっているなど、とんでもないニュースが世間を騒がせることがありますよね。２０１９年にも、大手不動産会社が建築し管理していた何百軒もの建物が、建築法違反だったというニュースがありました。問題になったのは賃貸住宅ではありますが、万が一、想い入れのある大切なマイホームが、そんな家だったら大変です。

地震の多い日本では、きちんと耐震基準を満たしているかどうかも重要です。違反していることを把握していながら、欠陥住宅を建てるなどということはもちろん論外ですが、意図的ではなくても、現場管理がしっかりしていないことで、家の安全性が低くなってしまうケースはなくはありません。

大手ハウスメーカーが、「新工法」と称し、耐震基準を上回る頑丈で安全な住宅システムです、とのふれこみで鋼鉄のジョイント金物を使用した新木造住宅などがありますが、これは大工不足や、職人の工賃を下げるために、簡単に組み立てられるように設計された家なのです。

ですから、しっかりした現場監督が指示して、徹底した管理のもとに適材を使用しないととんでもない欠陥住宅となってしまいます。いくら優れた工法であっても、合理的な設計であっても、きちんと計画どおりに建ててこそ、それが発揮できるのです。現にこの工法では多くのクレームが発生して、お施主様がビルダー側に訴えを起こし、裁判になっていると聞きます。

どんな耐震基準なのか、お施主様もしっかり聞くなどして、自分の建てる家に見合っているのかを工務店と相談しながらそのプロセスをしっかり見ておかなければなりません。

家づくりはあくまでも熟練した職人の丁寧な施工と、しっかりした現場管理が欠かせません。それを怠《おこた》ったり、無理な工程で進めたりすると、とんでもない事態が生じるのです。

新工法と聞けば、信頼できると思いがちですが、いかに新しい工法であろうとも、それをカタチにするのは人なのです。だれでも組み立てられる工法など、信頼できるでしょうか。プロの職人さんが、長年の経験に基づき、その現場に合ったやり方で建てるのが本当の家づくりなのではないでしょうか。

その家に住む人の思い出づくりも大切にしている

我が社で建てる家には、いくつかのこだわりがあります。

まず、第1章でお話ししたように、地元大井川流域で育った木を、できるだけ自然の形のまま用いて、「地産地消」を心がけた家づくりをするというのは、大前提にあります。

その上で、さらにこだわっていること。それは、1階のリビングには必ず、無垢の床板をオススメしています。その肌触り、感触は住んでみてきっと納得できることでしょう。

無垢の床板は1枚板なので、合板の床板と違ってどうしても傷がつきやすいのです。私は、その傷こそ、ご家族の大切な思い出になると考えています。


昔の家では、柱に子供たちの身長を書き込んで、成長の印を付けたりしていたものです。柱が部屋にむき出しになっていれば、今でもそれは可能です。日々、家族みんなが暮らしているのですから、家に傷がついたりするのはやむを得ないことです。でもそれが、家族みんなの思い出となるような傷であれば、その家の〝味〟となっていくのではないでしょうか。

上棟式《じょうとうしき》のときには、家の梁《はり》にご家族の手形を付けることもしています。それを見せたいというお施主様のために、わざと外に出すこともありますが、基本的には構造材なので、家が出来上がったときには見えなくなってしまうものです。

上棟式での思い出の一枚、手形式を行っている。

でも、何年何月何日、家族みんながそれぞれ何歳のときに家を建てたという証《あかし》が、家の中にずっと残るわけです。いつかその家を解体するときに、ご夫婦や子供たちが、「ああ、いい家だったなぁ」と想いを寄せてくれればいいなという気持ちで行っています。梁ではなくて表に出したいという方がいれば、檜の板を加工して手形を付けて、ビス留めでリビ

静岡市のＳ様邸—大棟梁・提坂四郎の腕が光る！

ングに飾ったりもします。柱が出ている家だったら、ここにこんな手形を付けたらどうですかとご提案したりもします。

ほとんどの地元の工務店は、上棟式を行っていると思います。上棟式とは、柱を立てる日に行う儀式です。提坂工務店では、お施主様にはしっかりご説明をして、必ず上棟式を行ってもらっています。このように昔から行われてきた儀式をないがしろにしないことは、いい家を建てるために、そして家族が結束するためにも大事なことですし、最高の思い出になると考えているので、しっかり行っているのです。

会長と私、そして大工さんたちや業者さ

んが総勢13名ほど集まって、その日は1日付きっきりで作業を行います。私も屋根に登りますし、会長も下から図面を見ながら指示をしています。

その壮観な現場仕事の様子をお施主様に見てもらい、いよいよ家が建つという縁起のいい儀式に参加していただきます。

そして、飲み物や食べ物を用意して、職人さんたちにはご祝儀を手渡ししてもらうようにしています。

余談ですが、私はご祝儀をいただいたら、それは全額、妻に「ありがとう」と言って渡しています。すると妻は、それをちゃんと取っておいて、家族でご飯を食べるときに使ってくれています。

お施主様からいただいたご祝儀を通して、私が、家族に感謝の気持ち、思いやりを示す。それをまた、家族が思いやりを持って感謝を込めて大切に使ってくれる。そのような良い循環は、きっとお施主様にも返っていく、そしてそれは地域にも還元されると私は考えています。

家は
思い出が詰め込まれた
大切なボックス

家はただ、雨風をしのぐためだけにあるのではありません。

これまでの思い出がいっぱい詰まった家は、ご家族にとってかけがえのないものです。楽しかったこと、笑い合ったこと、幸せを感じたこと、悔しかったこと、泣いたこと、苦しかったこと……家族の歴史がそのまま染み付いた、大切なボックスとも言えるでしょう。そしてこのボックスは、いつまでも長く残るものでなくてはなりません。

ご家族の生きた証、愛情をこれからたっぷりと詰め込んでいくために家をつくる。そういう気持ちで、私は日々、仕事に励んでいます。

親の家、自分が成長してきた家のことを「実家」と呼びますが、この「実家」という字には感慨深いものがあると思います。

「実」は実りの実。「実家」は実がなる家ということ。

ここに1本の木があります。根はご先祖様、幹は自分です。幹の先に枝があり、その先にたくさんの実が成っています。それが子供たちです。実が熟し地面に落ちると、それが成長し、やがてまた木が生えてきて新しい家をつくり、同じことがぐるぐるとくり返されていきます。

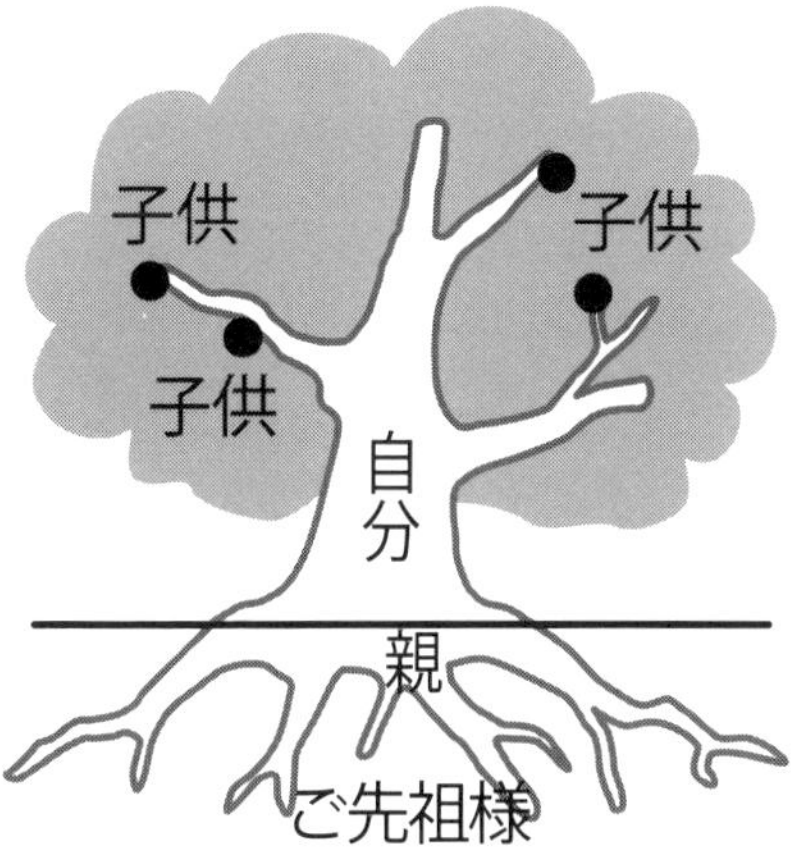

こうして世代が受け継がれていくわけです。

もし途中で枝が腐ったり、実が熟し切る前に落ちてしまったりしたら、実が成らず、やがて木は枯れてしまいます。

自分の子供にもこの話をして、親の悪口を言ってはダメだよという話をしたこともあります。「実」である自分を支える枝、その先の幹となるものが親なのです。親のことを悪く言うことは、自分のことをないがしろにしていることと同じです。
そして、大木を支える根っこである親、ご先祖さまも含めた、この家族の大切な循環を守るものが家だと思うのです。

「お施主様の子供たちが成長したときに、この家は、彼らにとって〝実りの家〟となってくれるだろうか」

実は、実になる前につぼみから、さまざまな形をとって花を咲かせます。幼稚園から小学校、中学校へ、さらに高校、大学へとそれに合わせて、部屋のスペースや収納の位置や大きさなども考えなければなりません。また、生活の仕方も変わっていくために、家の中での家族の動き方などを考え、設計にもひと工夫が必要なのです。
私はお施主様の家づくりをお手伝いするときに、いつもこのことを忘れないようにしています。

人生の中で一番多くの時間を過ごすのがわが家

日本では人生80年を想定して人生設計をしなければならなくなりました。一昔前まで、60歳定年で、その後余生を送るものでしたが、今では70歳でも現役で働かなければならない社会の仕組みになっています。

おぎゃーと生まれて、産院から自宅に戻り、成長して学校に通い、就職して社会人になって、自宅を離れて一人暮らしをする、そして結婚をして、子供をさずかり家族ができる。生まれた自宅に戻って親と同居する方、自分の城を建てる方、独身を貫き、マイホームをもつ方、さまざまです。もちろん一生涯自宅で過ごされる方もいらっしゃいます。

人の一生はそれぞれですが、どんな方にも、自宅というくつろぎの場所があり、実家という自分の出発点である思いの強い場所を生涯もち続けるのです。

このように、価値観が多様化していろいろな人生を送る方が増えてきましたが、人は睡眠をとる、安らぎを感じる場所として家で多くの時間を過ごします。

一日の大半を仕事に費やす人でさえ、ストレスを軽減するために自宅でゆっくりとくつろぎの時間をもつことで、明日への活力がみなぎるのです。

このように家とは、たんなる雨風を凌《しの》ぐ建物ではなく、自分を認めてくれる家族がいるわが家、気兼ねなく自由に振る舞えるわが家であり、特別な場所なのです。

「家づくり」とは、その家族の出発点であり、特別な場所として、人生の思い出づくりのステージとして機能しているのだと思います。

口幅《くちはば》ったい言い方かもしれませんが、そんな「家づくり」に一生をかけて仕事ができることを誇りに思っています。ですから、できる限り、お施主様の幸せを願い、希望どおりの、期待どおりの安全、安心の家づくりを目指しているのです。

第5章

安心の優良工務店選びのコツ

「家づくり」を成功に導く5つのポイント

今、住んでいるマイホーム。購入してよかったでしょうか、というアンケートに7割もの方々が何らかの理由で「後悔」されているという結果が出た調査があります。

どうしてでしょうか。これこれを裏付けるように、「失敗しないための家づくり」「後悔しないための家づくり」をテーマにセミナーや書籍が多く出回っています。

それはつまり、多くの人が家づくりについて、知識が足りないために、つくり手に100パーセント任せっきりになっているからだと思います。

それに対して、ハウスメーカーや工務店は、それを生業にして稼いでいるわけですから、100パーセント任せてもらった方がいいわけです。お施主様の希望を聞いてそれに見合った家を建てることはもちろんですが、主導権はつくり手にあり、都合のいいように進めるでしょう。そこで数々のトラブルが生まれてしまうのだと思います。

「家づくり」に関して何の知識もなく、「さあ、家を建てるぞ」といって、準備なく歴戦のプロの営業マンが待ち構えている展示場などに行くべきではないのです。冷静に考えるまでもなく、勝負は見えています。

しっかりと情報を収集し、やるべきことをやり、自分たち家族がどんな生活設計を立て、将来どのように生きていくのかという計画を家族みんなと話し合って、家づくりに望むべきです。こちらの準備が整ってから、ハウスメーカーなり、工務店に出向いて、いろいろ相談するのがいいと思います。

それでは、お施主様であるあなたは、「家づくり」のためにいったいどんな注意をしなければならないのか、わかりやすく5つのポイントにまとめて解説していきましょう。

「家づくり」のための5つのポイント

これから一生に一度の大きな買い物、大きな事業にかかわるのです。それを決断するためには次の5つのポイントをおさえてください。

ポイント1　家づくりのための知識を得よう

①　情報収集…書籍や雑誌など、「家づくり」に関する情報を得られるものを何冊か購入し読んでおきましょう。自分に当てはまる必要な箇所には線を引いて覚えておくことです。ネットなどには多くの人の体験談がアップされていますので、それもチェックしておくと役に立ちます。それから各会社のパンフレットを集めて目を通しておきましょう。

②　見学会・展示会に参加…次に見学会や展示会に参加しましょう。営業マンがいろいろ質問してくると思いますが、こちらからも自分の知識が正しいかどうか質問し、この会社の特徴は何か知るとともに、家づくりの知識も増やしていきましょう。決して安易に飛びついて契約などしないように注意してください。

③　ハウスメーカーや工務店による説明会に参加…おおよそ信頼できる工務店などが2、3に絞られたら、その会社のモットーや　過去の仕事など詳しく説明を聞いてください。そして大事なのは、代表である会社の社長と合って話をする

ことです。社長の人間性は信用に足りるか、本当に親身になってこちらの希望を聞いてもらえるか、よくわかるはずです。

④家づくりを任せる会社選び…信頼できる会社が決まったら、その会社の担当者と長いお付き合いになります。できる限り親しくなって、あなたの誠意を見せることも「家づくり」をスムーズに進めるコツです。また、あなたは家族と何度も家族会議をもつ必要があります。どのような家に住みたいか、家族の住まいのイメージを具体的にして、家族全員が同じイメージを持つことが大切だからです。依頼する工務店には、できるだけ具体的に要望を伝えていく必要があります。

ポイント2　家づくりのプランを具体化する

①家族全員の要望を整理する…家族が多い場合はとくに一人ひとりの生活パターンが違いますので、家族会議を何度も開いてよく話し合い、どんな家に住みたいのか整理していくことが必要です。また、子供が小さい場合、成長して進学、独立の時期を計算する、お年寄りがいる場合は、何十年後の部屋の使い方など

先を見通した計画を立てることも必要になるでしょう。

②資金計画・諸経費の見積もり、概算を算定する…資金の問題はシビアです。手持ちにいくらあるのか、ご両親からサポート受けられるか、家族の収入が将来どう変化するのかなども考えておかなければなりません。そして、現在の収入から、いくら借り入れができるのか算出し、資金の概算が得られます。

③土地探しの検討…この地域に住みたいといっても、予算と合わなければ住めませんし、売地がなければ仕方がありません。地域の不動産情報や工務店に相談するのが一番です。その地域にお住まいの住人の方に生活環境の情報をもらうことも必要です。

④建築時期の検討…あなたが今、仕事が不安定で、しかも貯蓄がゼロで頭金が無い場合、家づくりの時期ではありません。確かに頭金ゼロ、家賃と同額を払っていくだけで、将来資産になる、といううたい文句のチラシはよく見かけます。しかし、無理して経済的に余裕のない状態で、踏み出してはいけません。もしも、何かのアクシデント、会社の倒産や病気などがあった場合、ローンが払えなくなり、大変なことになります。しっかり貯蓄をして、余裕を持てるように

なってから取組むべきです。また、奥様が妊娠中の方も家づくりは敬遠された方がよいかもしれません。家づくりにかかわる雑事は多く、仕事を抱えたご主人に代わって何かとご負担になります。子供が誕生し、人生の設計、資金計画が明確になってから、家づくりに取り組んだ方が安心です。そして、転勤の多いサラリーマンの場合、転勤時期には家づくりは難しいでしょう。ある程度安定してから、また、地元で親などが住む場合など条件が揃えばいいでしょう。

ポイント3　建築依頼の準備

①　建設用地の地盤調査を確認する

②　建設用地の法規制を確認する

①②は、工務店や専門家にお願いすることになります。地盤調査はとても大切です。地元に長く住んでいる人や地元の工務店では、昔この土地に何があったのか、どんな環境だったのかを知っていますので、水はけがよいとか、傾斜地だったとか、川を埋め立てた土地だったなどの貴重な情報が得られることになります。

③　具体的な設計の打合せと確認…いよいよ肝心な設計の打ち合わせです。専門で

はないかもしれませんが、よく話を聞いて、希望どおりの家づくりに積極的に参加してください。ただし、設計上の無理や職人さんの提案も受け入れることも必要です。なぜ無理なのか、なぜやめた方がいいのか、そこには素人ではわからない専門的な理由があります。素直に聞いておいて、あとでよかったこともあるのです。

④ 見積りならびに支払い方法を検討する

⑤ 銀行・金融機関への融資の相談をする

④⑤も工務店の担当者とよく相談されて、決めなければなりません。一度信用してお任せしたのでしたら、隠し事なくお願いするところはお願いして、無理のない借り入れと、返済方法を選んでください。

ポイント4　本契約について

① 契約内容の最終確認…契約内容には、担当者の方からわかるように説明を受けてください。そして、お願いしたこともきちんと契約に明記してもらってください。あとで言った、言わないのないように契約書に記載させておくためです。

② 契約の締結…契約書に目を通さず、説明されたことだけに頷いて印を押す方が多くいらっしゃいます。きちんと説明を受けて納得してから契約をしてください。

ポイント5　建築過程のチェック

① 工事ポイントのチェック…工事の進行表などは、だいたいのところをメモしておいて、肝心なところにはぜひ見に行く心構えでいましょう。仕事で忙しくて、完成まで一度も足を運ばない方も多いのですが、ポイントポイントでチェックのために見に行くこと、現場監督と、今、どんな作業をしているのか、進行状況はどうかなどを話すことも必要です。

② 工務店とのコミュニケーションづくり…現場に足を運んだら、ぜひとも職人さんともコミュニケーションをとってください。大事な家を建ててくれている職人さんたちです。誰が欠けても、家は完成しません。職人さんもお施主様がどんな人で、どんな気持ちで家を待ち望んでいるかがわかると、さらに腕をふるって仕事に打ち込めます。

③ 完成後のチェック…引渡しのチェックはおろそかにしないようにしましょう。

時間をかけて、水回りを中心にさまざまな角度からチェックしてください。住んでから、「あれっ、これはいかん」と思っても面倒なことになりかねません。

④ 点検…地元の工務店ならちょっとした不具合でも、時間をかけずに見に来てくれるでしょう。

以上のポイントを押さえて、あなたの人生の一大事の「家づくり」を納得のいくものにしてください。ハウスメーカーや工務店にお任せで、契約書もよく読んでなかったり、話も曖昧なまま工事が進み、引き渡されて住んでみて、こんなはずではなかったと言っても後悔先に立たずです。そのためにやるべきことをやっていきましょう。

建てる決心がついたら、できるだけ地元の工務店を選ぶようにしたいです。

建設予定地から半径30キロ圏内の工務店を選ぶことをおすすめします。少なくとも地元の工務店を選ぶということを頭に入れてください。つまり、大手ハウスメーカーには頼まないということです。

本書で、地元工務店のメリットを数多く実例を挙げてご説明しました。地元の工務店ならば、将来のメンテナンスも安心して任せられますし、家の事で困ったことが起きたら、気軽に相談することができるからです。

家づくりは工務店選びで決まる

家づくりの最も大事なポイントは、どの会社に任せるかということで、ほぼ9割は決まってしまいます。

通常、家を建てる場合には、依頼するのはハウスメーカーか、設計事務所か、工務店ということになります。仮に大手ハウスメーカーに頼むとしても、実際に設計を手掛け家を建てるのは、地元の設計事務所か工務店ということになります。ですから、いかに優良な工務店を探すかということが、家づくりの最大のポイントといえるでしょう。

ほとんどの方は、家づくりは生涯で初めてのことですから、馴染みの工務店がある人の方が珍しいと思います。

いかに優良工務店を選ぶのか、そのためにできることはあります。

前章でも書きましたが、テレビや新聞で名前が知られている大手ハウスメーカーなら信用できるというのは大きな誤解です。

大手ハウスメーカーは、派手な広告・宣伝を行っています。さらにたくさんの営業マンを抱えて、その人件費も払わなければなりません。住宅展示場のモデルハウスなどにも多額の経費を使っています。また、建設資材を安く抑えるために、スケールメリットで設備投資にもお金をかけています。

これらすべてがブランド料となるのです。つまり、大手ハウスメーカーは、最初から割高なのです。販促費として、それらが家の価格に上積みされているのです。

近年では、大手メーカーの不祥事がテレビや新聞をにぎわしていますが、それは業界の構造的な問題があるからなのです。

また、家ができあがったら、引渡してそれで終わり、というわけではありません。あなたとあなたの家族はその家に何十年も住み続けるのですから、常にメンテナンスが必要になります。

懇意にしている工務店があれば、気軽に相談することができますが、大手ハウスメーカーでは、そういうわけにはいきません。

確かな工務店選びをする

優良な工務店を選ぶとしても、そもそも工務店とは何かを知らなくてはなりません。

あらためて工務店とは、何か？

それは大工や左官、タイル・レンガ工、サッシ工、内装工などといった職人を束ねて、建設工事を請け負う会社のことです。

また、専属の設計士をおいたり、設計事務所と連携して、設計から施工まで請け負うことのできる工務店も珍しくはありません。

ひとくちに工務店といっても、実は大きく分類すると5種類に分けられます。

① 設計・施工を行い、各種保証や融資相談にものれる工務店
② 分譲住宅会社の施工の下請け専門業者

③　ハウスメーカーの施工を専門に行う下請け業者
④　リフォーム専門業者が、たまに新築住宅を請け負う業者
⑤　不動産会社と同様、自社で設計施工せず、住宅販売を専門にしている業者

このなかでおすすめできるのは、①の業者。建てた後のメンテナンスもいきとどいているので、安心して付き合ってくれる業者です。

②はいかに大量に速く建てるかを主眼としてやっている業者ですから、アフターケアの期待はできません。

③はハウスメーカーに言われるままに仕事をしている業者。ハウスメーカーにいい顔はしても、お施主様のご要望に応えるような仕事はしてくれません。

④と⑤は検討にも値しません。しかし、いずれも工務店の看板を掲げているので、外から見たのでは区別がつきません。

さあ、いかにいい工務店を探すか、よい住まいづくりの９割はここにかかっていると言って過言ではありません。

そのためには、どういう工務店が優良工務店であるかチェックしていく必要があります。言葉では何とでもゴマかすことはできますが、実際に工務店を見て、現場を見て、住んでいる人の評判を聞いてみればわかります。

①　会社の理念・ポリシー

会社のホームページで確認できます。

会社の理念や社長の仕事に対する考えが書かれているページが必ずありますが、どこもいいことばかりを書き連ねています。

これを読んで鵜呑《うの》みにするのではなく、社長や担当者に会って、確認していく必要があります。

本当に理念どおりに仕事をしているのかどうかは、社長に直に会って少し尋ねてみれば分かります。中には、口べたの社長もいますが、自分の得意分野であれば、熱く語ってくれるはずです。話してみれば、誠実な会社かどうかはすぐにわかるでしょう。

②　社長の人柄やポリシー

建物と社長の人柄は関係ないと思うかも知れませんが、会社の体質は何よりも社長の考えに左右されます。

家づくりはチームワークですから、社長がどのような考えの人かで、社員の仕事ぶりがうかがえます。

工務店との付き合いは、家を建ててからでも続きます。仮に担当者がいい人だからといっても、付き合いは会社とです。もしも、社長と反りが合わないようでしたら、その会社は敬遠するのが賢明です。こんな家に住みたいという要望を伝えて、受け止めてくれる社長のいる会社に頼んでみるべきです。

何度か訪ねても社長が会おうとしなかったら、その会社は敬遠した方がよいでしょう。

③創業何年か

社歴は長いにこしたことはありません。

中小規模の工務店は、経営基盤が盤石だとはいえません。10年、20年で台頭してきたような新しい会社は、借入金頼りの自転車操業を行っているところも少なくありません。

できたら20年以上地元でやっている社歴があるところが望ましいです。また、施工実績がどれだけあるかも調べる必要があります。

地元の実績のある工務店であれば、実際の施工現場を何棟も見て回ることができます。

また、実際に施工した家を訪ねて、そこにお住いの方に住み心地やアフターケアなどについて尋ねてみれば、たちどころにその会社の実力を知ることができます。

施工例が極端に少なかったり、公表できない会社は論外です。

④工務店の工法が何か

どんな家の建て方をするのか、それが工法です。

どのような工法なのか。それは、他の工法と比べてどのような点が優れているのか。素材は何を使うのか。その利点とは何か。

耐震、長寿命住宅、断熱・高気密については、その工法に付随する特徴を説明してくれるはずです。

さらにZEH（ゼッチ）について聞いてみてください。

ZEHとは、2015年に経産省が打ち出した「ネットゼロエネルギーハウス」の略で、「住居の断熱性を高め、省エネ性能をよくし、太陽光発電などでエネルギーを作り出し、年間の一次エネルギー消費量（空調・給湯・照明・換気など）の収支をプラスマイナスゼロ、またはプラスにする住宅」のことです。

経産省がこの新しい定義を打ち出し、断熱性・省エネ性能・エネルギー創出の3つのバランスがとれていないと、ゼロエネ住宅とは言えなくなったのです。

今後、こうした住宅がスタンダードになっていくはずですから、ZEHは大丈夫か聞いてみるのもいいでしょう。

⑤自社で設計・施工

優良工務店であれば、決して下請け工務店に丸投げなどすることはありません。自社内には現場監督がいて、自社の大工（社員、または専任として契約）を使って施工します。つまり自社の責任ですべてを行うことができます。

設計に関しても、提携の設計事務所があるか、自社でできることが決め手です。

⑥構造見学会・完成見学会を開催しているか

完成した家の構造部は見ることはできません。住宅にとって最も重要な部分ですから、お施主様としては、最も気になるところです。

施工に自信のある工務店であれば、お施主様に一番見てもらいたい部分でもあります。構造部を確認しながら、納得いくまで説明してくれることでしょう。

そのためにも、基礎部分、構造部ができあがったら見学に行って自分の目で確かめ、説明を受けるべきです。きちんと仕事をしている工務店ならば、お施主様のそうした要望には応えられるはずです。

⑦お施主様の要望を聞いてくれるか

お施主様にとって、一番肝心なところです。ご主人の書斎、奥様のキッチンなど、家族のさまざまな要望があります。もちろん、予算内でできること、できないことはあります。

しかし、お施主様の要望に耳を傾け、そのメリットとデメリットをきちん説明し、可能性を伝えてくれることは大事なことです。

そして、十分に希望を取り入れたプランを提案してもらえるかどうかです。工務店の提案とお施主様の希望が一致していることが大事です。

なんでもかんでも「それはできない、高くつく」と拒否するようでしたら、他の工務店を当たってみることです。

⑧現場は整理されているか

現在、施工している現場をぜひ見学してみてください。

現場に入って、仕事ぶりを見れば、その工務店の実力がわかるからです。

そして、チェックポイントは、現場の整理整頓はできているか。現場にタバコの吸い殻が落ちているようでは論外です。

社員教育ができている工務店なら、尋ねていったら気持ちよく挨拶してくれ、素人が尋ねることに丁寧に答えてくれるはずです。

以上のチェックポイントを参考にして、優良工務店選びをしてください。

最後に、それでも迷われる方には、「一般社団法人日本校正技術者協会（ＪＦＴ）」をご紹介します（http://jft.or.jp/）。ここにアクセスしてご相談されると、会員である地元の優良工務店を紹介していただけます。

私もこの協会の会員ですが、日本各地の腕の良い職人さんを抱えた優良工務店が会員になっているので、安心してお願いできると思います。

あとがき

２０１2年、さわやかな初夏に、実の姉が遥かあの世に旅立ちました。

突然のことに私は大したことはできませんでしたが、それから姉の子供３人、自分の子供たち、そして、じいじやばあばと一緒に子育てに奮闘しながらも、妻の偉大な助けがあって、なんとか会社の経営を頑張ってきました。

それまではあまり感じなかったのですが、日々、子育てに追われる中で、家の間取り、部屋の広さなどが実感として感じられるようになりました。

「子供部屋が足りない！」

「子供が帰って来てもどこにいるのかわからない」

「どこで、いつコミュニケーションをとればよいのか」

そこで、私はあらためて自分の仕事の重要性を痛感したのです。やはり、〝家族のいる場所〟というのは、とても大切なのだと。

家にいる時には、ちょっと探せば子供の顔が見える、じいじやばあばが何をしているのかすぐわかる、そして、子供たちには「今日、学校はどうだったか」とか、じいじやばあばには、「ちょっと元気がないけど大丈夫か」と声が掛けられる、家族がお互い気持ちが伝えられる空間こそ、本当の家なのだということがわかりました。

「家づくり」は、実際の私の仕事ですから、お施主様の要望にそって家を建てますが、気持ちとしては、いつもお施主様の〝家族のいる場所〟をつくりたいと思っているのです。

家族がいて、いつもコミュニケーションが取れる場所、憩いの空間。うまく言葉では表現できませんが、それこそが私がつくりたい家なのです。つまり〝家族のいる場所〟をつくることが私の仕事だと思っています。

雨風しのぐだけでなく快適で耐震性のある安全な家づくりは、プロの工務店ですから当たり前のことです。それ以上に、家族の絆《きずな》が強く結ばれるような、やさしさを感じられるような家づくりをいつも考え、お施主様にご提案しています。

実の姉が亡くなって残念なことではあるのですが、それから家族のさまざまな出来事に出合い、そのたびに家族と家の関係に気づかされて、真剣に「家づくり」を勉強しました。

本書は、家族のために家づくりを考えている方々へ、拙《つたな》いながらも私の思いはすべてこの一冊に込めたつもりです。

読者のみなさんの「いい家づくり」のためになれば幸いです。

最後に、この「あとがき」を借りて私の気持ちを伝えさせていただきます。

提坂工務店とご縁がありお家を建てさせていただきましたお施主様、本当にありがとうございます。

そして私に様々な学びを授けていただき、この本を書く機会を与えてくれた森田真守先生には、心から感謝しております。

甥っ子、大地の修行先の大崎建築様、本当にありがとうございます。

家づくりに対し様々な勉強をさせていただく榊の友の会の皆様、ありがとうございます。

工務店は大工さんがいてくれて成り立つ会社です。

長く支えてくれている宮浦棟梁、無理を言っても対応してくれる村田棟梁、ありがとうございます。

いつもニコニコして仕事をしてくれた故大矢棟梁、ありがとうございます。心よりご冥福をお祈り申し上げます。

困った時、いつも助けてくれる私の兄、提坂住建さん、ありがとう。

私の仕事と四郎さんのフォローをしてくれる高橋さん、本当にありがとうございます。

ＯＢのお客様でもあり御用聞きスタッフの古賀さん、いつもありがとう。

家一棟を建てるには、業者の皆さんの協力が必要です。

大石クロスさん、曙電気の秋山さん、勝栄の中村さん、池谷左官さん、佐野屋の佐野さん、丸吉木材の小澤さん、岩崎タイルさん、北川建具さん、三浦建具さん、久松塗装の清水さん、コーケンの大野さん、智板金さん、名波外装さん、久保山工業さん、原川クレーンさん、中屋の渡邊さん、小泉東海の鈴木さん、共和の五十嵐さん、ピース電設の荒河さん、平井畳さん、松葉畳の伊藤さん、エクノスワタナベさん、御庭工房の菅原さん、ＳＫＥの杉岡さん、ミカ美装の三ヶ尻さん、小柳津インテリアさん　皆様ありがとうございます。

いつも素晴らしい図面を書いてくれる +D Architects の島田さん、ありがとう。

設計に関わる問題点、疑問点をアドバイスしてくれる杉村建築士事務所さん、ありがとう。

昔から長くサポートしてくれているソネットプラン園田さん、ありがとうございます。労務についてアドバイスしてくれる、さかもと社会保険労務士事務所さん、ありがとうございます。

そして最後に、私の家族に心より感謝いたします。

いつも子供の事をしっかり見てくれる妻には感謝しかありません。本当にありがとう！

そして私の事を大好きでいてくれる子供達がいるから仕事がんばれます。ありがとう！

私がこうして健康に楽しくお仕事させてもらえるのも両親のおかげです。

80歳を越えても仕事をしてくれる父、四郎さん。いまだに経理を支えてくれる母、マサ子さん、本当に心より感謝申し上げます。

そして地元の皆様、おかげさまでありがとうございます。

提坂大介

著者プロフィール

提坂大介（さげさかだいすけ）

昭和50年生まれ。小学校から高校までを地元で過ごし、その後、東京の専門学校に進む。都会の喧騒に慣れず、地元に戻り、しばらく勝手気ままに遊んでいたが、幼い日に父の言葉「お前は大きくなったら一緒に働くんだよな」を思い出し、父の会社である提坂工務店に入社。静岡県島田市の地元を中心に、確かな「家づくり」が評判を呼んでいる。現在、株式会社提坂工務店代表取締役。優良工務店を紹介する日本公正技術者協会（JFT）の会員でもある（http://jft.or.jp/）。

〒427-0011 静岡県島田市東町230

HP http://hinokino88.com/

いい家《いえ》づくりのコツは地元愛《じもとあい》・家族愛《かぞくあい》！

2019年10月1日　初版第1刷発行

著　者　提坂大介

発行者　鎌田順雄

発行所　知道出版

　　　　〒101-0051 東京都千代田区神田神保町1-7-3 三光堂ビル4F

　　　　TEL 03-5282-3185　FAX 03-5282-3186

　　　　http://www.chido.co.jp

印　刷　音羽印刷株式会社

ISBN978-4-88664-322-3